IT- und KI-Grundwissen für Einsteiger:
Praxisnah, kurz und prägnant

Über den Autor:

Der Naturwissenschaftler Dipl.-Math. Klaus-Dieter Sedlacek lebt seit seiner Kindheit in Stuttgart. Er studierte neben Mathematik und Informatik auch Physik. Nach dem Studienabschluss und einigen Jahren Berufspraxis gründete er eine eigene Firma, die sich mit der Entwicklung von Anwendungssoftware beschäftigte. Zwischenzeitlich widmet er sich seinen privaten Interessen, zu denen auch das Schreiben und Veröffentlichen von Büchern gehört.

Über das Buch:

Entdecken Sie "IT- und KI-Grundwissen für Einsteiger" von Klaus-Dieter Sedlacek – das perfekte Buch, um in die Welt der Informationstechnologie und Künstlichen Intelligenz einzutauchen. In leicht verständlicher Sprache führt Sie dieses praxisnahe Werk durch die Grundlagen der IT, von Hardware bis Netzwerken, Sicherheit und Programmierung. Im zweiten Teil tauchen Sie in die faszinierende Welt der KI ein, lernen Machine Learning und Deep Learning kennen und erfahren, wie KI unseren Alltag beeinflusst. Mit Wiederholungsfragen, Antworten und wertvollen Ressourcen bietet dieses Buch eine solide Grundlage für IT und KI. Egal, ob Sie beruflich oder persönlich interessiert sind, dieses Buch bringt Ihnen das nötige Grundwissen auf kurzweilige Weise näher.

IT- UND KI-GRUNDWISSEN FÜR EINSTEIGER

Praxisnah, kurz und prägnant

Von
Klaus-Dieter Sedlacek

TOPPBOOK WISSEN Bd. 85

Bibliografische Information der Deutschen Nationalbibliothek:
Die Deutsche Nationalbibliothek verzeichnet diese Publikation in der
Deutschen Nationalbibliografie; detaillierte bibliografische Daten
sind im Internet über dnb.dnb.de abrufbar

Herstellung und Verlag: BoD – Books on Demand, Norderstedt

ISBN: 978-3-7583-2636-3

Inhaltsverzeichnis

TEIL 1: IT-GRUNDWISSEN

I. Leben in der Ära der Digitalisierung

A. Wie die IT unseren Alltag prägt

In der heutigen Welt ist die Informationstechnologie (IT) allgegenwärtig – sie durchdringt jeden Aspekt unseres Lebens und hat sich zu einem unverzichtbaren Bestandteil unseres Alltags entwickelt. Dieser Artikel führt Sie auf eine Reise durch die digitalisierte Welt und zeigt auf, wie die IT unseren Alltag prägt, von der Art und Weise, wie wir kommunizieren, arbeiten, lernen und uns unterhalten, bis hin zur Gesundheitsversorgung.

Ein Leben im Taschenformat: Smartphones und Wearables Beginnen wir mit dem Gerät, das für viele von uns unverzichtbar geworden ist: das Smartphone. Ein Blick in die U-Bahn, auf die Straße oder in ein Café genügt, um zu sehen, wie tief verwurzelt diese Geräte in unserem Alltag sind. Sie dienen nicht nur als Kommunikationsmittel, sondern auch als Navigatoren, Informationsquellen und Unterhaltungsgeräte. Wearables wie Smartwatches und Fitness-Tracker haben ebenfalls Einzug gehalten und überwachen unsere Gesundheit und Aktivitäten.

Vom Wohnzimmer bis zum Arbeitsplatz: IT in jedem Winkel Zu Hause erleichtern uns Smart Home-Technologien das Leben. Ob es darum geht, die Heizung von unterwegs zu steuern oder den Einkaufslisten-Assistenten per Sprachbefehl zu aktualisieren – die Technologie ist allgegenwärtig. Im Berufsleben sind digitale Arbeitsplätze die Norm geworden. Computer, spezialisierte Software und Technologien wie Künstliche Intelligenz optimieren Arbeitsabläufe in nahezu jedem Sektor.

Digitale Bildung: Lernen im Wandel Auch im Bildungsbereich hat die IT revolutionäre Veränderungen bewirkt. Digitale Lernplattformen und interaktive Lehrmittel machen Bildung zugänglicher und anpassungsfähiger. Lehrer und Schüler profitieren von der Flexibilität und den vielfältigen Möglichkeiten, die digitale Medien bieten.

Freizeit im digitalen Zeitalter In unserer Freizeit sind es Streaming-Dienste und soziale Medien, die die Art und Weise, wie wir uns unterhalten und miteinander vernetzen, verändert haben. Sie haben traditionelle Medien ergänzt und bieten neue Wege zur Entspannung und zum Austausch mit anderen.

Gesundheitsversorgung im digitalen Wandel Selbst im Gesundheitswesen hat die IT wichtige Fortschritte ermöglicht. Telemedizin und Gesundheits-Apps bieten neue Möglichkeiten in der Patientenversorgung und -überwachung.

Die Herausforderungen der digitalen Welt Trotz all dieser Fortschritte dürfen wir die Herausforderungen nicht ignorieren, die mit dieser umfassenden Digitalisierung einhergehen. Datenschutz, digitale Kluft und die Abhängigkeit von Technologie sind Themen, die uns alle betreffen und zu denen wir ein bewusstes Verhältnis entwickeln müssen.

Fazit: Eine Welt im Wandel Die IT hat unseren Alltag grundlegend verändert und wird dies auch weiterhin tun. Die Art und Weise, wie wir diese Technologien nutzen und verstehen, prägt unser Leben. Es liegt an uns, verantwortungsbewusst mit dieser Macht umzugehen und die digitale Zukunft zu gestalten.

B. Warum IT-Grundwissen wichtig ist

Willkommen im spannenden Bereich der Informationstechnologie (IT)! In einer Welt, die zunehmend von Technologie geprägt wird, ist ein grundlegendes Verständnis von IT unerlässlich, nicht nur für Experten, sondern für jeden. Dieser Abschnitt führt Sie in die Gründe ein, warum IT-Grundwissen so wichtig ist, und richtet sich dabei an alle, die mit wenig oder keinem Vorwissen starten. Ob Sie Schüler, Student, Berufseinsteiger, Manager in einem nicht-technischen Bereich oder einfach ein IT-interessierter Laie sind, Sie werden feststellen, dass IT-Wissen ein unverzichtbares Werkzeug in Ihrem Alltag und Ihrer beruflichen Laufbahn sein kann.

Die IT begleitet uns von unserem Smartphone in der Hosentasche bis hin zu komplexen Computersystemen in Unternehmen. Die Informationstechnologie hat sich zu einem integralen Bestandteil unseres Lebens entwickelt. Ein grundlegendes Verständnis dieser Technologie ist von unschätzbarem Wert, da es uns dabei hilft, effektiver in dieser technologischen Welt zu interagieren.

Darüber hinaus eröffnet das Beherrschen von IT-Kenntnissen verbesserte berufliche Chancen in nahezu jedem Berufsfeld. Ob Sie in der Kreativbranche, im Management oder in der Wissenschaft tätig sind, IT-Kenntnisse erweitern Ihre Fähigkeiten und steigern Ihre Beschäftigungsaussichten erheblich.

In einer Welt, in der Online-Sicherheit und Datenschutz immer wichtiger werden, ist ein grundlegendes Verständnis der IT unerlässlich. Es ermöglicht Ihnen, sich selbst und Ihre Daten besser zu schützen und die digitale Sicherheit zu gewährleisten.

Das Wissen über IT fördert außerdem Kreativität und Problemlösungsfähigkeiten. Es ermöglicht Ihnen, innovative Lösungsansätze für Herausforderungen zu entwickeln und eigene Projekte wie Websites oder Apps umzusetzen.

Mit IT-Kenntnissen sind Sie in der Lage, technologische Werkzeuge effizienter zu nutzen und fundierte Entscheidungen in einer von Technologie geprägten Welt zu treffen. Dadurch können Sie Ihre Entscheidungsfindung auf ein höheres Niveau heben.

Die IT-Welt unterliegt ständigen Veränderungen und Weiterentwicklungen. Durch das Verständnis der Grundlagen legen Sie das Fundament für lebenslanges Lernen und die Fähigkeit zur Anpassung in einer sich ständig verändernden technologischen Landschaft.

IT-Grundwissen ist nicht nur für diejenigen wichtig, die in technischen Berufen arbeiten wollen. Es ist ein Schlüssel zum Verständnis und zur aktiven Teilnahme an der modernen Welt. Dieser Abschnitt wird Ihnen dabei helfen, diesen Schlüssel zu nutzen und Ihr Wissen zu erweitern.

C. Zielgruppe des Textes und deren Bedürfnisse

In diesem Abschnitt möchten wir einen genaueren Blick auf unsere Zielgruppe werfen und verstehen, welche Bedürfnisse sie hat. Unser Buch richtet sich an eine breite Leserschaft, darunter Schüler, Studenten, Berufseinsteiger, Manager in nicht-technischen Bereichen und generell IT-interessierte Laien.

Schüler: Wenn Sie Schüler sind, die gerade erst ihre Reise in die Welt der IT beginnen, werden Sie hier die Grundlagen finden, um Ihre Kennt-

11

nisse aufzubauen. Wir erklären die Konzepte in einfacher Sprache und helfen Ihnen, sich auf dem Weg zur IT-Exzellenz zurechtzufinden.

Studenten: Studierende, die IT-Kurse belegen, werden von diesem Buch profitieren, indem sie solide Grundlagen erlernen, die ihnen in ihren Studien helfen. Wir haben uns bemüht, die Inhalte so aufzubereiten, dass sie sich gut in Ihr akademisches Leben integrieren lassen.

Berufseinsteiger: Wenn Sie gerade Ihre Karriere beginnen und feststellen, dass IT-Kenntnisse in Ihrem Berufsfeld unerlässlich sind, sind Sie hier genau richtig. Wir bieten praktisches Wissen, das Ihnen helfen wird, in Ihrer neuen Position erfolgreich zu sein.

Manager in nicht-technischen Bereichen: Auch wenn Sie nicht im technischen Bereich arbeiten, sind IT-Kenntnisse heute von unschätzbarem Wert. Wir zeigen Ihnen, wie Sie Technologie effektiv nutzen können, um Ihre beruflichen Aufgaben zu bewältigen und fundierte Entscheidungen zu treffen.

IT-interessierte Laien: Schließlich, wenn Sie einfach neugierig auf die Welt der Informationstechnologie sind und mehr darüber erfahren möchten, sind Sie hier herzlich willkommen. Unser Ziel ist es, die IT für Sie verständlich und zugänglich zu machen, ohne dabei in technisches Kauderwelsch zu verfallen.

Um die Lernreise so angenehm wie möglich zu gestalten, werden wir auch visuelle Hilfsmittel wie Diagramme und Illustrationen verwenden, um komplexe Konzepte zu verdeutlichen.

In den kommenden Kapiteln werden wir gemeinsam die Grundlagen der Informationstechnologie erkunden und Ihnen das Rüstzeug geben, um in der digitalen Welt erfolgreich zu navigieren. Egal, ob Sie Ihre IT-Kenntnisse ausbauen oder neu beginnen möchten, wir freuen uns, Sie auf dieser spannenden Reise zu begleiten.

II. Die Grundlagen der Informationstechnologie

A. Was ist Informationstechnologie?

Bevor wir tiefer in die Welt der Informationstechnologie eintauchen, lassen Sie uns zuerst verstehen, was Informationstechnologie, oft kurz als "IT" bezeichnet, eigentlich ist. Dieses Verständnis bildet das Fundament für alles, was wir in diesem Buch besprechen werden.

Informationstechnologie (IT) bezieht sich auf die Verwendung von Computern, Software und anderen technologischen Mitteln, um Informationen zu erfassen, zu verarbeiten, zu speichern und zu übertragen. Im Wesentlichen geht es darum, wie Technologie verwendet wird, um Daten in nützliche Informationen umzuwandeln.

Stellen Sie sich vor, Sie haben ein Smartphone oder einen Computer. Diese Geräte sind Teil der IT-Welt. Sie ermöglichen es Ihnen, E-Mails zu senden, im Internet zu surfen, Texte zu schreiben, Fotos zu bearbeiten und vieles mehr. All diese Aktivitäten basieren auf Informationstechnologie.

Die Informationstechnologie ist äußerst vielfältig und berührt nahezu jeden Lebensbereich. Sie kommt in Unternehmen vor, um Geschäftsprozesse zu optimieren, in der Medizin, um Patientendaten zu verwalten, in der Unterhaltungsbranche, um Filme und Musik zu produzieren, und in vielen anderen Bereichen.

Die IT ist also nicht auf einen bestimmten Bereich beschränkt, sondern durchdringt unsere moderne Welt auf vielfältige Weise. Sie ermöglicht es uns, Informationen effizient zu verarbeiten und unser Leben zu erleichtern. In den kommenden Kapiteln werden wir uns genauer damit befassen, wie diese Informationstechnologie funktioniert, wie sie sich im Laufe der Zeit entwickelt hat und wie Sie sie in Ihrem eigenen Leben und in Ihrer Karriere nutzen können. Egal, ob Sie gerade erst in die Welt der IT eintauchen oder Ihr Wissen vertiefen möchten, wir sind hier, um Ihnen zu helfen.

B. Die Geschichte der IT-Entwicklung

Die Welt der Informationstechnologie (IT) ist geprägt von einer faszinierenden Geschichte voller Innovationen und Meilensteine. Lassen Sie uns einen Blick auf die wichtigen Etappen dieser Entwicklung werfen, die uns zu dem heutigen Stand der Technik geführt haben.

Frühe Anfänge: Die Anfänge der IT reichen bis ins 19. Jahrhundert zurück, als Charles Babbage die Idee für die "analytische Maschine" entwickelte, eine Art mechanischer Vorläufer des modernen Computers. Doch es sollte noch Jahrzehnte dauern, bis diese Ideen in die Tat umgesetzt wurden.

Erste Computer: Die Entwicklung von elektronischen Computern begann in den 1930er Jahren. Einer der bekanntesten Pioniere war Alan Turing, der den Begriff "Turing-Maschine" prägte, der als Grundlage für die Theorie der Berechenbarkeit diente.

ENIAC und Fortschritte in den 1940er Jahren: Der ENIAC, der 1946 in Betrieb genommen wurde, gilt als einer der ersten voll funktionsfähigen elektronischen Computer. Er war riesig und benötigte eine Menge Energie, um zu funktionieren. Dennoch legte er den Grundstein für die weitere Entwicklung der Computertechnologie.

Die Ära der Mikrocomputer: In den 1970er Jahren begann die Ära der Mikrocomputer, als Unternehmen wie Apple und IBM personalisierte Computer auf den Markt brachten. Diese Entwicklung ebnete den Weg für den Siegeszug der Computer in Privathaushalten und Unternehmen.

Die Entstehung des Internets: Einer der bedeutendsten Meilensteine in der Geschichte der IT war die Entwicklung des Internets. Ursprünglich als

Forschungsnetzwerk gestartet, wurde es schnell zu einem globalen Kommunikationsmedium, das unser Leben in vielerlei Hinsicht revolutionierte.

Die Ära der Smartphones: In den 2000er Jahren erlebten wir den Aufstieg der Smartphones. Diese kleinen, leistungsstarken Geräte haben die Art und Weise, wie wir kommunizieren, arbeiten und Informationen abrufen, grundlegend verändert.

C. Künstliche Intelligenz

In den letzten Jahren hat sich ein Bereich der Informationstechnologie besonders hervorgetan und immer mehr Aufmerksamkeit auf sich gezogen: Künstliche Intelligenz (KI). Künstliche Intelligenz (KI) findet in vielen Bereichen Anwendung und hat das Potenzial, zahlreiche Aspekte unseres Lebens zu verbessern und zu transformieren.

KI bezieht sich auf die Fähigkeit von Maschinen oder Computern, Aufgaben auszuführen, die normalerweise menschliche Intelligenz erfordern. Das Ziel der KI ist es, Maschinen so zu programmieren und auszustatten, dass sie lernen, Schlussfolgerungen ziehen und Probleme lösen können, ähnlich wie ein Mensch.

Ein Schlüsselkonzept in der KI sind lernende Algorithmen. Diese Algorithmen können aus Daten lernen und ihre Leistung im Laufe der Zeit verbessern. Dies ermöglicht Maschinen, Muster zu erkennen, Vorhersagen zu treffen und Entscheidungen auf Grundlage von Daten zu treffen.

Einige Beispiele für Anwendungsgebiete von KI sind:

Im Gesundheitswesen unterstützen KI-Systeme Ärzte bei der Diagnose von Krankheiten, indem sie medizinische Daten analysieren und Muster erkennen. Sie beschleunigen den Prozess der Medikamentenentwicklung, indem sie Moleküle für neue Medikamente vorhersagen. KI ermöglicht auch Telemedizin, bei der Fernüberwachung von Patienten und die Bereitstellung von medizinischer Beratung über Telekommunikation.

Im Bereich des autonomen Fahrens verwenden selbstfahrende Autos KI-Algorithmen, um die Umgebung zu erkennen, Verkehrszeichen zu lesen und sich sicher auf der Straße zu bewegen. KI kann auch zur Optimierung des Verkehrsflusses und zur Reduzierung von Verkehrsstaus beitragen.

Bild- und Spracherkennung sind weitverbreitete Anwendungen von KI. Gesichtserkennung wird in Smartphones und sozialen Medien eingesetzt, während Sprachassistenten wie Siri, Alexa und Google Assistant KI verwenden, um menschliche Sprache zu verstehen und darauf zu reagieren.

Im E-Commerce und Marketing bieten personalisierte Produktempfehlungen aufgrund des Verhaltens und der Präferenzen von Kunden ein besseres Einkaufserlebnis. KI-gesteuerte Chatbots verbessern den Kundenservice und können Fragen beantworten.

Im Finanzwesen werden KI-Systeme zur Betrugserkennung eingesetzt, indem sie Transaktionsdaten analysieren, um verdächtige Aktivitäten zu identifizieren. Zudem kommt KI im algorithmischen Handel und im Portfolio-Management zum Einsatz.

Bildverarbeitung und Computer Vision werden in der Qualitätskontrolle in der Fertigung sowie in der Objekterkennung und -verfolgung in Überwachungssystemen genutzt.

Natürliche Sprachverarbeitung (NLP) ermöglicht Übersetzungs-Apps, Texte in Echtzeit zu übersetzen, und Sentiment-Analyse, um Stimmungen in sozialen Medien und Kundenbewertungen zu analysieren.

In der Bildung sorgen personalisierte Bildungssysteme auf Basis von KI dafür, dass sich der Unterricht an die individuellen Bedürfnisse der Schüler anpasst, und KI kann Aufgaben und Prüfungen automatisch bewerten.

In der Robotik arbeiten Roboter in der Fertigungsindustrie, Medizin und Raumfahrt autonom mithilfe von KI.

Schließlich trägt KI zur Optimierung von Stromnetzen und Energieverbrauch bei, um die Energieeffizienz zu steigern.

Diese Beispiele zeigen, dass KI kontinuierlich weiterentwickelt wird und immer neue Anwendungen und Innovationen hervorbringt. Künstliche Intelligenz hat das Potenzial, viele Bereiche unseres Lebens zu revolutionieren und Lösungen für komplexe Probleme zu bieten.

Mit der wachsenden Bedeutung von KI ergeben sich auch ethische Fragen. Wie sollen Maschinen Entscheidungen treffen? Wie können wir sicherstellen, dass KI-Systeme fair und transparent arbeiten? Diese Fragen sind Gegenstand intensiver Diskussionen und Forschungen.

Heute befinden wir uns in einer Ära, in der Technologie immer schneller voranschreitet. Künstliche Intelligenz, Cloud-Computing und das Internet der Dinge sind nur einige Beispiele für aktuelle Entwicklungen, die unsere Welt prägen.

Die Geschichte der IT-Entwicklung zeigt uns, wie weit wir gekommen sind und wie eng sie mit unserem täglichen Leben verknüpft ist. In den kommenden Kapiteln werden wir tiefer in die Grundlagen der IT eintauchen und Ihnen helfen, die aktuellen Technologien besser zu verstehen und zu nutzen.

III. Hardware und Software

A. Verständnis von Hardware und deren Rolle

Um die Welt der Informationstechnologie (IT) besser zu verstehen, ist es unerlässlich, die Grundlagen von Hardware und ihre Rolle zu begreifen. In diesem Abschnitt werfen wir einen Blick auf die physischen Komponenten von Computern und Geräten, die den Kern der IT bilden.

Hardware: Die Hardware eines Computers sind die physischen Teile, aus denen er besteht. Stellen Sie sich einen Computer wie eine Art "elektronisches Gehirn" vor, das Aufgaben ausführt und Informationen verarbeitet. Die wichtigsten Hardwarekomponenten sind:

Zentrale Verarbeitungseinheit (CPU): Die CPU ist das Herzstück eines jeden Computers. Sie ist für die Ausführung von Befehlen und die Verarbeitung von Daten verantwortlich. Je leistungsfähiger die CPU ist, desto schneller kann ein Computer Aufgaben erledigen.

Arbeitsspeicher (RAM): RAM steht für Random Access Memory und ist der temporäre Speicherplatz, den ein Computer für laufende Prozesse verwendet. Mehr RAM ermöglicht es einem Computer, mehr Aufgaben gleichzeitig zu bewältigen, ohne langsamer zu werden.

Speichermedien: Hierzu gehören Festplatten und SSDs (Solid State Drives), die für die langfristige Speicherung von Daten verwendet werden. Sie sind in der Regel viel größer als der RAM und dienen dazu, Programme, Dateien und das Betriebssystem des Computers zu speichern.

Motherboard: Das Motherboard ist die Hauptplatine eines Computers, auf der alle Komponenten miteinander verbunden sind. Es ermöglicht die Kommunikation zwischen CPU, RAM, Speicher und anderen Teilen des Systems.

Typisches Motherboard mit freien Steckplätzen für CPU, RAM und Speicher.

Peripheriegeräte: Dazu gehören Tastatur, Maus, Monitor, Drucker und andere externe Geräte, die mit dem Computer interagieren. Sie ermöglichen es dem Benutzer, mit dem Computer zu kommunizieren und Ergebnisse anzuzeigen.

Die Rolle der Hardware besteht darin, die physische Grundlage für die IT-Systeme bereitzustellen. Ohne Hardware könnten Softwareanwendungen

19

nicht ausgeführt werden, da sie auf die Verarbeitungsleistung und den Speicherplatz angewiesen sind, den die Hardware bietet.

Denken Sie an einen Computer als ein Werkzeug, das ohne seine physische Hardwarekomponenten nicht funktionieren würde. Es ist die Software, die auf dieser Hardware ausgeführt wird, die es einem Computer ermöglicht, spezifische Aufgaben zu erledigen und Anwendungen auszuführen. Im nächsten Abschnitt werden wir uns genauer mit der Bedeutung von Software und ihren verschiedenen Arten befassen.

B. Die Bedeutung von Software und deren Arten

Nachdem wir die Hardware, also die physischen Komponenten eines Computers, betrachtet haben, ist es nun an der Zeit, sich mit einem ebenso wichtigen Aspekt der Informationstechnologie (IT) zu befassen: der Software.

Was ist Software?

Stellen Sie sich die Hardware als das "Gehirn" eines Computers vor, aber die Software als die "Seele". Software sind Programme, Anwendungen und Daten, die auf einem Computer oder einem anderen Gerät laufen. Sie sind die Anweisungen, die der Computer benötigt, um Aufgaben auszuführen und Informationen zu verarbeiten.

Software kann in zwei Hauptkategorien unterteilt werden:

Systemsoftware: Diese Art von Software ist für die grundlegende Funktionalität des Computers verantwortlich. Dazu gehört das Betriebssystem, wie zum Beispiel Windows, macOS oder Linux. Das Betriebssystem ermöglicht es Ihnen, Ihren Computer zu starten und mit seiner Hardware zu interagieren. Es verwaltet auch die Installation und Ausführung von Anwendungen.

Anwendungssoftware: Dies ist die Software, die Sie aktiv nutzen, um bestimmte Aufgaben zu erledigen. Beispiele für Anwendungssoftware sind Webbrowser wie Chrome oder Firefox, Textverarbeitungsprogramme wie Microsoft Word oder Google Docs, Grafikdesign-Software wie Adobe Photoshop und viele andere. Anwendungssoftware hilft Ihnen dabei,

Dokumente zu erstellen, im Internet zu surfen, Spiele zu spielen und vieles mehr.

Symbolische Darstellung von Systemsoftware und Anwendungssoftware. Links: Systemsoftware, die als Grundlage benötigt wird, damit Anwendungssoftware (rechte Seite) laufen kann.

Es ist wichtig zu verstehen, dass Software ohne Hardware nicht funktionieren kann, und umgekehrt. Die Hardware bietet die physische Plattform, auf der die Software ausgeführt wird, während die Software dem Computer sagt, was er tun soll.

Arten von Software

Es gibt viele verschiedene Arten von Software, die für verschiedene Zwecke entwickelt wurden. Einige der wichtigsten Arten sind:

Betriebssysteme: Diese Software stellt die grundlegende Umgebung für den Computer bereit und ermöglicht die Ausführung von Anwendungen. Bekannte Beispiele sind Windows, macOS und Linux.

Anwendungssoftware: Hierzu gehören Textverarbeitungsprogramme, Tabellenkalkulationen, Grafikdesign-Tools, Videobearbeitungssoftware und mehr.

21

Antivirensoftware: Diese Software schützt den Computer vor Malware, Viren und anderen Bedrohungen.

Webbrowser: Programme wie Chrome, Firefox und Safari ermöglichen das Surfen im Internet.

Datenbankmanagementsoftware: Diese Software hilft bei der Verwaltung von Datenbanken und der Speicherung großer Mengen von Informationen.

Entwicklungsumgebungen: Diese werden von Programmierern verwendet, um Softwareanwendungen zu erstellen, und umfassen Code-Editoren, Compiler und Debugger.

Die Wahl der richtigen Software hängt von den individuellen Bedürfnissen und Aufgaben ab, die Sie auf Ihrem Computer ausführen möchten.

In den folgenden Abschnitten werden wir uns genauer mit den Grundlagen von Betriebssystemen, den Hauptkomponenten von Computern und anderen wichtigen IT-Themen befassen, um Ihr Verständnis für die Welt der Informationstechnologie weiter zu vertiefen.

Wiederholungsfragen zu Kapitel I bis III.

Kapitel I: Einführung in die IT-Grundlagen

1. Warum ist IT-Grundwissen wichtig?

A. Um Computerhardware zu verkaufen

B. Um besser mit der Informationstechnologie umgehen zu können

C. Um Kunstwerke zu erstellen

D. Um Musik zu komponieren

2. Wer gehört zur Zielgruppe dieses Buches?

A. Nur erfahrene IT-Experten

B. Schüler, Studenten, Berufseinsteiger, Manager in nicht-technischen Bereichen und IT-interessierte Laien

C. Nur Menschen, die bereits in der IT-Branche arbeiten.

D. Nur Lehrer und Professoren

Kapitel II: Die Grundlagen der Informationstechnologie

3. Was ist Informationstechnologie (IT)?

A. Ein exklusiver Club von Technologie-Enthusiasten

B. Die Anwendung von Computern und Telekommunikation auf die Speicherung, Übertragung und Verarbeitung von Daten

C. Eine Form der Kunst

D. Ein altes Handwerk aus vergangenen Zeiten

4. Welche der folgenden Aussagen zur Geschichte der IT-Entwicklung ist korrekt?

A. Die Informationstechnologie hat erst vor kurzem an Bedeutung gewonnen

B. Die Geschichte der IT-Entwicklung reicht bis in die antike Zeit zurück

C. Die Entwicklung der IT begann erst im 21. Jahrhundert

D. Die Geschichte der IT hat keinen Einfluss auf die moderne Technologie

Kapitel III: Hardware und Software

5. Welche Rolle spielt Software in einem Computer?

A. Sie ist für die physische Funktionalität des Computers verantwortlich.

B. Sie ist die physische Hardware des Computers.

C. Sie sind die Programme und Anwendungen, die auf einem Computer ausgeführt werden.

D. Sie hat keine Bedeutung in der IT.

6. Welche Arten von Software gibt es?

A. Hardware und Software

B. Textverarbeitungssoftware und Tabellenkalkulationssoftware

C. Betriebssysteme, Anwendungssoftware und Systemsoftware

D. Prozessor und RAM

Antworten zu den Multiple-Choice-Fragen:

1. Warum ist IT-Grundwissen wichtig? Antwort: B. Um besser mit der Informationstechnologie umgehen zu können

2. Wer gehört zur Zielgruppe dieses Buches? Antwort: B. Schüler, Studenten, Berufseinsteiger, Manager in nicht-technischen Bereichen und IT-interessierte Laien

3. Was ist Informationstechnologie (IT)? Antwort: B. Die Anwendung von Computern und Telekommunikation auf die Speicherung, Übertragung und Verarbeitung von Daten

4. Welche der folgenden Aussagen zur Geschichte der IT-Entwicklung ist korrekt? Antwort: B. Die Geschichte der IT-Entwicklung reicht bis in die antike Zeit zurück

5. Welche Rolle spielt Software in einem Computer? Antwort: C. Sie sind die Programme und Anwendungen, die auf einem Computer ausgeführt werden.

6. Welche Arten von Software gibt es? Antwort: C. Betriebssysteme, Anwendungssoftware und Systemsoftware.

IV. Das Betriebssystem verstehen

A. Die Funktion eines Betriebssystems

In diesem Abschnitt werden wir uns mit der Funktion eines Betriebssystems (OS) befassen, einem wesentlichen Bestandteil jedes Computers. Stellen Sie sich das Betriebssystem als das Herzstück Ihres Computers vor – es koordiniert und verwaltet alle anderen Software- und Hardwarekomponenten. Lassen Sie uns einen genaueren Blick darauf werfen, was ein Betriebssystem genau macht und warum es so wichtig ist.

Die Aufgaben eines Betriebssystems

Ein Betriebssystem erfüllt mehrere grundlegende Aufgaben:

Hardware-Verwaltung: Das Betriebssystem kommuniziert mit der Hardware Ihres Computers, einschließlich Prozessor, Speicher, Festplatte, Bildschirm und Tastatur. Es stellt sicher, dass diese Komponenten ordnungsgemäß funktionieren und miteinander zusammenarbeiten.

Ressourcenverwaltung: Das OS verwaltet die Ressourcen Ihres Computers, wie z.B. den Arbeitsspeicher (RAM). Es sorgt dafür, dass verschiedene Programme und Aufgaben den Speicher effizient nutzen, um reibungslos zu arbeiten.

Dateiverwaltung: Das Betriebssystem organisiert und verwaltet Dateien und Ordner auf Ihrer Festplatte oder SSD. Es ermöglicht Ihnen, Dateien zu erstellen, zu speichern, zu finden und zu organisieren.

Benutzerschnittstelle: Die Benutzerschnittstelle (UI) ist das, was Sie auf Ihrem Bildschirm sehen, wenn Sie Ihren Computer verwenden. Das Betriebssystem stellt die UI bereit und ermöglicht Ihnen die Interaktion mit Ihrem Computer über Maus, Tastatur oder Touchscreen.

Prozessverwaltung: Das Betriebssystem ermöglicht die Ausführung mehrerer Programme gleichzeitig. Es verwaltet Prozesse und Aufgaben, verteilt die CPU-Zeit und sorgt dafür, dass Ihr Computer reaktionsschnell bleibt.

Sicherheit und Zugriffskontrolle: Das OS schützt Ihren Computer vor unautorisiertem Zugriff und Malware. Es steuert den Zugriff auf Dateien und Ressourcen und sorgt für die Sicherheit Ihrer Daten.

Warum ist ein Betriebssystem wichtig?

Ein Betriebssystem ist unerlässlich, da es die grundlegende Infrastruktur für die Ausführung von Anwendungen und die Nutzung Ihres Computers bereitstellt. Ohne ein Betriebssystem könnten Computer nicht funktionieren, da es die Hardware mit der Software verknüpft und eine Schnittstelle für Benutzer bereitstellt.

Symbolische Darstellung von Windows, Apple und Linux.

Je nach Ihren Bedürfnissen und Vorlieben können Sie zwischen verschiedenen Betriebssystemen wählen. Die bekanntesten sind Microsoft Windows, Apple macOS und verschiedene Versionen von Linux. Jedes dieser Betriebssysteme bietet seine eigenen einzigartigen Funktionen und Benutzeroberflächen.

In den folgenden Abschnitten werden wir einige gängige Betriebssysteme genauer untersuchen und Ihnen helfen, die richtige Wahl für Ihre Anforderungen zu treffen.

B. Beispiele gängiger Betriebssysteme

Lassen Sie uns nun einige gängige Betriebssysteme genauer betrachten, die in der Welt der Informationstechnologie weit verbreitet sind. Diese Betriebssysteme dienen als Schnittstelle zwischen Benutzern und Computern und ermöglichen es, verschiedene Aufgaben effizient auszuführen.

1. Microsoft Windows

Microsoft Windows ist eines der am weitesten verbreiteten Betriebssysteme und wird von vielen Computern weltweit verwendet. Es bietet eine benutzerfreundliche Oberfläche und unterstützt eine Vielzahl von Anwendungen. Windows ist bekannt für seine regelmäßigen Updates und seine Kompatibilität mit einer breiten Palette von Software.

2. Apple macOS

macOS ist das Betriebssystem, das auf Macintosh-Computern von Apple läuft. Es zeichnet sich durch sein elegantes Design und seine Stabilität aus. macOS ist bei Grafikdesignern, Kreativprofis und vielen anderen beliebt, die anspruchsvolle Aufgaben auf ihren Computern ausführen.

3. Linux

Linux ist ein Open-Source-Betriebssystem, das in vielen verschiedenen Varianten oder Distributionen verfügbar ist. Es wird von Entwicklern und Technikbegeisterten geschätzt, die die volle Kontrolle über ihr Betriebssystem wünschen. Linux ist bekannt für seine Stabilität, Sicherheit und Flexibilität.

4. Android

Android ist ein weit verbreitetes Betriebssystem für Mobilgeräte wie Smartphones und Tablets. Es zeichnet sich durch seine Anpassbarkeit und die große Auswahl an verfügbaren Apps aus. Android wird von verschiedenen Herstellern auf einer Vielzahl von Geräten eingesetzt.

5. iOS

iOS ist das Betriebssystem, das auf iPhones und iPads von Apple läuft. Es ist bekannt für seine Benutzerfreundlichkeit und Sicherheit. iOS bietet Zugriff auf eine Vielzahl von Apps über den App Store und ist besonders bei Menschen beliebt, die nahtlos zwischen ihren Apple-Geräten arbeiten möchten.

Es ist wichtig zu beachten, dass die Wahl des Betriebssystems von Ihren persönlichen Vorlieben und den Anforderungen Ihrer Aufgaben abhängt. Jedes dieser Betriebssysteme hat seine eigenen Stärken und Schwächen, und es kann sinnvoll sein, mehrere Betriebssysteme je nach Ihren Bedürfnissen zu verwenden. In den nächsten Abschnitten werden wir tiefer in einige dieser Betriebssysteme eintauchen und deren spezifische Funktionen und Anwendungen genauer betrachten.

V. Grundlegende Computerkomponenten

A. Prozessor, RAM und Speicher verstehen

In diesem Abschnitt werden wir uns mit den grundlegenden Computer-komponenten auseinandersetzen, die das Herzstück eines jeden Computers bilden. Das Verständnis dieser Komponenten ist entscheidend, um die Funktionsweise eines Computers zu begreifen.

Der Prozessor (CPU): Denken Sie an den Prozessor als das Gehirn Ihres Computers. Er führt alle Berechnungen und Aufgaben aus, die von Ihrem Computer durchgeführt werden. Je leistungsstärker der Prozessor ist, desto schneller und effizienter kann Ihr Computer arbeiten. Hierbei handelt es sich um eine der wichtigsten Komponenten, die die Gesamtleistung Ihres Computers beeinflusst.

Ein typischer Prozessor.

RAM (Arbeitsspeicher): RAM steht für "Random Access Memory" und ist der temporäre Speicher, den Ihr Computer verwendet, um Daten und Programme während des Betriebs zu speichern. Je mehr RAM Ihr

Computer hat, desto mehr Aufgaben und Programme kann er gleichzeitig verarbeiten, ohne an Geschwindigkeit zu verlieren. RAM ist flüchtig, d.h., wenn Sie Ihren Computer ausschalten, werden alle darin gespeicherten Daten gelöscht.

Ein typischer RAM-Arbeitsspeicher zum Aufstecken auf das Mainboard.

Speicher (Festplatten/SSDs): Speichermedien wie Festplatten und SSDs (Solid State Drives) sind für die langfristige Speicherung von Daten verantwortlich. Im Gegensatz zum RAM sind sie nicht flüchtig, was bedeutet, dass sie Daten auch dann speichern, wenn der Computer ausgeschaltet ist. Hier werden Ihre Betriebssystemdateien, Anwendungen, Dokumente und Multimedia-Dateien gespeichert. SSDs sind schneller und zuverlässiger als herkömmliche Festplatten.

Links: typische Festplatte bei der die obere Abdeckung entfernt wurde. Rechts: Typisches SSD-Speichermodul zum Einstecken in das Mainboard.

Die reibungslose Zusammenarbeit dieser grundlegenden Computerkomponenten ermöglicht es Ihrem Computer, Aufgaben zu erledigen, Anwendungen auszuführen und Daten zu speichern. Wenn Sie mehr über die technischen Details und Feinheiten dieser Komponenten erfahren möchten, gibt es viele Ressourcen und vertiefende Bücher, die sich ausführlicher damit befassen. Ein gutes Grundverständnis dieser Schlüsselkomponenten ist jedoch ein solider erster Schritt, um die Welt der Informationstechnologie zu erkunden.

B. Peripheriegeräte und deren Funktionen

Neben den inneren Komponenten, die wir bereits besprochen haben, sind Peripheriegeräte eine entscheidende Ergänzung für jeden Computer. Peripheriegeräte sind Hardwarekomponenten, die an den Computer angeschlossen werden, um die Funktionalität zu erweitern oder die Interaktion mit dem Computer zu ermöglichen.

Hier sind einige der häufigsten Peripheriegeräte und deren Funktionen:

Tastatur: Die Tastatur ist eines der wichtigsten Eingabegeräte. Sie ermöglicht es Ihnen, Text und Befehle einzugeben. Moderne Tastaturen können drahtlos oder kabelgebunden sein und bieten oft zusätzliche Funktionstasten oder Makrotasten für spezielle Aufgaben.

Maus: Die Maus ist ein weiteres wichtiges Eingabegerät. Sie ermöglicht es Ihnen, den Mauszeiger auf dem Bildschirm zu steuern und Klicks und Bewegungen auszuführen. Es gibt verschiedene Arten von Mäusen, darunter kabelgebundene und drahtlose Mäuse, sowie spezielle Mäuse mit zusätzlichen Tasten für bestimmte Anwendungen.

Bildschirm (Monitor): Der Bildschirm, oft auch als Monitor bezeichnet, zeigt die visuelle Ausgabe Ihres Computers an. Monitore gibt es in verschiedenen Größen und Auflösungen, wobei moderne Modelle oft hochauflösende Bilder und Farben bieten.

Drucker: Drucker ermöglichen es Ihnen, digitale Dokumente und Bilder in physische Kopien umzuwandeln. Es gibt Tintenstrahldrucker, Laserdrucker und viele andere Druckertypen mit unterschiedlichen Funktionen.

Lautsprecher und Kopfhörer: Diese Audiogeräte ermöglichen es Ihnen, den Ton von Ihrem Computer zu hören. Lautsprecher sind ideal, wenn Sie den Ton im Raum teilen möchten, während Kopfhörer eine persönlichere Audioerfahrung bieten.

Webcam: Webcams sind Kameras, die an Ihren Computer angeschlossen sind und es ermöglichen, Videokonferenzen abzuhalten, Videos aufzunehmen oder Video-Chats durchzuführen.

Einige speziellere Peripheriegeräte, die Sie an Ihren Computer anschließen können:

Externe Festplatte: Externe Festplatten bieten zusätzlichen Speicherplatz für Dateien und können zur Sicherung von wichtigen Daten verwendet werden.

USB-Flash-Laufwerk: Diese kleinen, tragbaren Speichergeräte ermöglichen den schnellen Datenaustausch zwischen Computern.

Scanner: Scanner wandeln gedruckte Dokumente, Fotos oder Grafiken in digitale Dateien um.

34

Gamecontroller: Wenn Sie gerne Spiele spielen, können Sie Gamecontroller anschließen, um ein besseres Spielerlebnis zu genießen.

Joystick: Joysticks sind häufig in Flugsimulatoren und Actionspielen im Einsatz.

Grafiktablett: Künstler und Designer verwenden Grafiktabletts, um digitale Zeichnungen und Grafiken zu erstellen.

Barcode-Scanner: Diese Geräte werden in Unternehmen verwendet, um Barcodes zu scannen und Informationen zu erfassen.

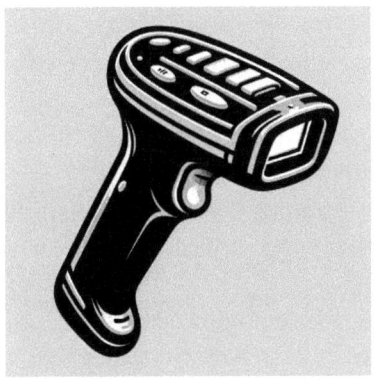

Netzwerkadapter: Drahtlose Netzwerkadapter ermöglichen die Verbindung zu WLAN-Netzwerken, während kabelgebundene Netzwerkadapter für die Verbindung zu Ethernet-Netzwerken verwendet werden.

Mikrofon: Mikrofone ermöglichen die Aufnahme von Audio und werden in Anwendungen wie Spracherkennung und Audioaufnahmen verwendet.

Tastenfeld: Externe Tastenfelder bieten zusätzliche Tasten und Funktionen für spezielle Anwendungen oder Spiele.

USB-Hub: Ein USB-Hub ermöglicht das Anschließen mehrerer USB-Geräte an einen einzigen USB-Anschluss am Computer.

Numpad: Ein Numpad ist ein externes numerisches Tastenfeld, das für numerische Eingaben verwendet wird.

Gaming-Maus: Spezielle Gaming-Mäuse bieten zusätzliche Tasten und Präzision für Gamer.

Eingabestift: Eingabestifte sind nützlich für präzise Eingaben auf Touchscreens oder Grafiktabletts.

Smartcard-Leser: Smartcard-Leser werden für sichere Zugriffskontrolle und Authentifizierung verwendet.

Diese Peripheriegeräte erweitern die Funktionalität Ihres Computers und machen ihn vielseitiger. Sie ermöglichen es Ihnen, mit Ihrem Computer zu kommunizieren, Inhalte zu erstellen, Informationen anzuzeigen und vieles mehr. Je nach Ihren Bedürfnissen können Sie verschiedene Peripheriegeräte anschließen, um Ihre IT-Erfahrung zu optimieren.

VI. Netzwerke und Internet

A. Was ist ein Netzwerk?

Netzwerke sind ein wesentlicher Bestandteil unseres modernen digitalen Lebens. Sie ermöglichen die Kommunikation und den Datenaustausch zwischen verschiedenen Geräten und Systemen. Aber was genau ist ein Netzwerk?

Ein Netzwerk ist im Wesentlichen eine Sammlung von miteinander verbundenen Geräten oder Computern. Diese Geräte können in räumlicher Nähe zueinanderstehen oder über weite Entfernungen verteilt sein, und sie sind in der Lage, Informationen miteinander auszutauschen. Dabei kann es sich um Textnachrichten, Bilder, Videos, Musik oder jede andere Form von Daten handeln.

Netzwerke ermöglichen die gemeinsame Nutzung von Ressourcen wie Druckern, Dateien und Internetverbindungen. Stellen Sie sich ein Büronetzwerk vor, in dem verschiedene Computer miteinander verbunden sind. Auf diese Weise können Mitarbeiter Dokumente gemeinsam nutzen und auf denselben Drucker zugreifen, ohne physische Datenträger verwenden zu müssen.

Es gibt zwei Hauptarten von Netzwerken: kabelgebundene und drahtlose. Kabelgebundene Netzwerke verwenden physische Kabel, um Geräte miteinander zu verbinden, während drahtlose Netzwerke Funksignale verwenden, um die Verbindung herzustellen. Drahtlose Netzwerke sind besonders praktisch, da sie eine größere Flexibilität bieten und es ermöglichen, sich drahtlos mit dem Internet zu verbinden.

Netzwerke können in verschiedenen Größen und Ausführungen auftreten, von kleinen Heimnetzwerken mit nur wenigen Geräten bis hin zu großen Unternehmensnetzwerken, die weltweit verteilt sind. Sie können auch auf spezielle Aufgaben ausgerichtet sein, wie beispielsweise die Bereitstellung eines sicheren Zugriffs auf das Internet oder die Verbindung von Maschinen in einem Produktionsbetrieb.

Netzwerke sind die Grundlage für das Internet, das weltweit größte Netzwerk. Das Internet verbindet Milliarden von Geräten und ermöglicht den Zugriff auf Informationen, Kommunikation und Dienste in beispielloser Weise.

In den kommenden Abschnitten werden wir uns genauer mit der Funktionsweise des Internets und den wichtigen Begriffen im Zusammenhang mit Netzwerken und dem Internet befassen. Dabei werden wir verstehen, wie diese Technologien unser tägliches Leben und unsere Arbeitswelt beeinflussen.

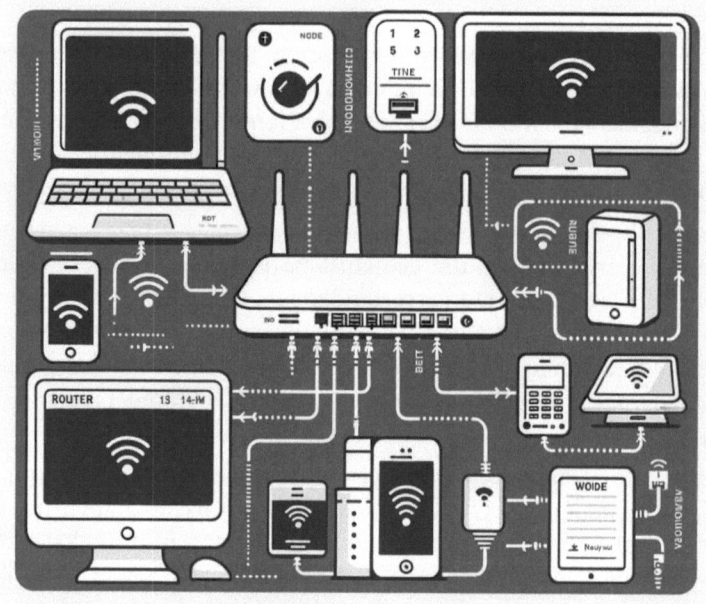

Ein Heimnetzwerk mit mehreren Geräten, die über einen Router (Bildmitte) miteinander verbunden sind.

Jetzt, da wir eine Vorstellung davon haben, was ein Netzwerk ist, werden wir im nächsten Abschnitt tiefer in die Funktionsweise des Internets eintauchen und einige der grundlegenden Begriffe im Zusammenhang mit Netzwerken und dem Internet kennenlernen.

B. Wie das Internet funktioniert

Das Internet, kurz für "interconnected networks" (vernetzte Netzwerke), ist zweifellos eine der bahnbrechendsten Erfindungen der Informationstechnologie. Es hat die Art und Weise, wie wir Informationen teilen, kommunizieren und auf Ressourcen zugreifen, grundlegend verändert. Doch wie funktioniert das Internet eigentlich?

Das Internet basiert auf einem dezentralen Netzwerkmodell. Anders als bei einem zentralisierten System, in dem alle Informationen und Ressourcen an einem einzigen Ort gespeichert sind, besteht das Internet aus einer Vielzahl von miteinander verbundenen Computern und Servern weltweit. Diese Computer kommunizieren über ein Protokoll namens TCP/IP (Transmission Control Protocol/Internet Protocol), das die Grundlage für den Datenaustausch im Internet bildet.

Das Internet funktioniert im Wesentlichen wie ein gigantisches, weltumspannendes Postsystem. Wenn Sie eine Website besuchen, eine E-Mail senden oder eine Datei herunterladen, wird Ihre Anfrage in kleine Pakete aufgeteilt. Diese Pakete werden dann über verschiedene Wege zu ihrem Ziel geschickt und dort wieder zusammengesetzt. Dieser Prozess ermöglicht es, dass Informationen sicher und zuverlässig über große Entfernungen transportiert werden können.

Zentrale Elemente des Internets sind Server und Router. Server sind leistungsstarke Computer, die Webseiten, E-Mails, Dateien und andere Inhalte hosten. Wenn Sie eine Webseite aufrufen, sendet Ihr Computer eine Anfrage an einen Server, der die Webseite bereitstellt. Router sind spezielle Geräte, die den Datenverkehr im Internet lenken, ähnlich wie Kreuzungen auf einer Autobahn. Sie sorgen dafür, dass die Datenpakete den besten Weg zu ihrem Ziel nehmen.

Das World Wide Web (WWW) ist eine der bekanntesten Anwendungen des Internets. Es ermöglicht den Zugriff auf Millionen von Webseiten, die Texte, Bilder, Videos und interaktive Inhalte enthalten. Sie navigieren im Web, indem Sie Webadressen (URLs) in Ihren Browser eingeben oder auf Links klicken.

Das Internet bietet jedoch weit mehr als nur das WWW. Es umfasst auch Dienste wie E-Mail, Instant Messaging, Videokonferenzen, soziale Medien, Online-Shopping, Cloud-Speicher und vieles mehr.

Das Internet verbindet Länder und Kontinente weltweit.

Das Internet hat unsere Welt in vielerlei Hinsicht transformiert. Es ermöglicht globalen Zugang zu Wissen, Kommunikation über große Entfernungen, Online-Unterhaltung und vieles mehr. Von Bildung über Geschäft bis hin zur Unterhaltung ist das Internet zu einem integralen Bestandteil unseres Lebens geworden.

In den kommenden Abschnitten werden wir einige der wichtigsten Begriffe im Zusammenhang mit Netzwerken und dem Internet kennenlernen. Dies wird Ihnen helfen, die Grundlagen dieser Technologien zu verstehen und wie sie sich auf Ihren Alltag und Ihre berufliche Welt auswirken.

C. Wichtige Begriffe im Zusammenhang mit Netzwerken und Internet

Bevor wir tiefer in die Welt der Netzwerke und des Internets eintauchen, werfen wir einen Blick auf einige grundlegende Begriffe, die Ihnen helfen werden, die Konzepte besser zu verstehen.

1. Server: Ein Server ist ein leistungsstarker Computer oder eine Softwareanwendung, die Dienste oder Ressourcen für andere Computer, die sogenannten Clients, bereitstellt. Server können verschiedene Aufgaben erfüllen, wie das Speichern von Webseiten, das Versenden von E-Mails oder das Bereitstellen von Dateien.

2. Client: Ein Client ist ein Computer, Smartphone oder ein anderes Gerät, das auf die Dienste eines Servers zugreift. Wenn Sie eine Webseite in Ihrem Browser öffnen, handelt es sich um einen Client-Server-Prozess, bei dem Ihr Computer als Client agiert und eine Anfrage an den Webserver sendet, um die Seite anzuzeigen.

3. IP-Adresse: Die IP-Adresse (Internet Protocol Address) ist eine eindeutige numerische Kennung, die jedem Gerät in einem Netzwerk zugewiesen ist. Sie ermöglicht es, Geräte im Internet zu identifizieren und miteinander zu kommunizieren.

4. URL: Die URL (Uniform Resource Locator) ist die Webadresse einer Webseite oder Ressource im Internet. Sie besteht aus verschiedenen Teilen, wie dem Protokoll (z. B. "http://" oder "https://"), dem Domainnamen (z. B. "www.example.com") und dem Pfad (z. B. "/seite1/index.html"). URLs ermöglichen es, gezielt auf Webinhalte zuzugreifen.

5. Browser: Ein Browser ist eine Softwareanwendung, die es ermöglicht, Webseiten anzuzeigen und im Internet zu surfen. Bekannte Browser sind Chrome, Firefox, Safari und Edge.

6. Router: Ein Router ist ein Gerät, das Datenpakete zwischen verschiedenen Netzwerken weiterleitet. In Heimnetzwerken verbindet ein Router Ihr lokales Netzwerk mit dem Internet und ermöglicht es mehreren Geräten, gleichzeitig online zu sein.

7. WLAN: WLAN (Wireless Local Area Network) ist eine drahtlose Netzwerktechnologie, die es Geräten ermöglicht, über Funkwellen drahtlos miteinander zu kommunizieren. WLAN ist weit verbreitet und ermöglicht kabellose Internetverbindungen in Gebäuden und auf mobilen Geräten.

8. Bandbreite: Bandbreite bezieht sich auf die Übertragungskapazität eines Netzwerks und gibt an, wie viele Daten gleichzeitig übertragen werden können. Eine höhere Bandbreite bedeutet schnellere Internetverbindungen, die in Megabit pro Sekunde (Mbps) oder Gigabit pro Sekunde (Gbps) gemessen werden.

9. Firewall: Eine Firewall ist eine Sicherheitsvorrichtung oder Software, die den Datenverkehr zwischen Ihrem Computer oder Netzwerk und dem Internet überwacht und steuert. Sie dient dazu, unerwünschte Zugriffe und Bedrohungen abzuwehren.

10. Cloud: Die Cloud bezieht sich auf entfernte Server und Dienste im Internet, auf die Sie von überall aus zugreifen können. Cloud-Dienste umfassen Online-Speicher, E-Mail, soziale Medien und vieles mehr.

Diese Begriffe bilden die Grundlage für das Verständnis von Netzwerken und dem Internet. Wenn Sie diese Konzepte verinnerlichen, sind Sie besser gerüstet, um die Funktionsweise und die Bedeutung dieser Technologien in unserer vernetzten Welt zu erfassen. Im nächsten Abschnitt werden wir uns mit Fragen der Sicherheit und des Datenschutzes im Zusammenhang mit IT-Systemen befassen.

Wiederholungsfragen zu Kapitel IV bis VI

Kapitel IV - Das Betriebssystem verstehen

Frage 1:

Was ist die Hauptfunktion eines Betriebssystems?

A. Spiele und Anwendungen ausführen

B. Die Hardware des Computers steuern und Ressourcen verwalten

C. E-Mails senden und empfangen

D. Webseiten im Internet durchsuchen

Frage 2:

Welches Betriebssystem ist besonders bekannt für seine Verwendung auf Apple-Computern?

A. Windows

B. Linux

C. macOS

D. Android

Kapitel V - Grundlegende Computerkomponenten

Frage 3:

Was ist die Hauptfunktion des RAM (Random Access Memory) in einem Computer?

A. Langfristige Datenspeicherung

B. Ausführung von Anwendungen und temporäre Speicherung von Daten

C. Verwaltung von Dateien und Ordnern

D. Anzeige von Grafiken auf dem Bildschirm

Frage 4:

Welches der folgenden ist ein Beispiel für ein Peripheriegerät?

A. Prozessor

B. Festplatte

C. Maus

D. Mainboard

Kapitel VI - Netzwerke und Internet

Frage 5:

Was versteht man unter einem "Router" in einem Computernetzwerk?

A. Ein Gerät, das Textnachrichten sendet und empfängt

B. Ein Gerät, das den Datenverkehr zwischen verschiedenen Netzwerken steuert

C. Ein Programm zur Erstellung von Webseiten

D. Ein Gerät, das Druckaufträge an den Drucker sendet

Frage 6:

Was ist ein DNS in Bezug auf das Internet?

A. Eine Abkürzung für "Digital Network Service"

B. Ein Computerprogramm zur Videobearbeitung

C. Ein Protokoll zur Übertragung von E-Mails

D. Ein Dienst zur Übersetzung von Domainnamen in IP-Adressen

Antworten zu den Multiple-Choice Fragen

Kapitel IV - Das Betriebssystem verstehen:

1. Was ist die Hauptfunktion eines Betriebssystems? **Antwort:** B. Die Hardware des Computers steuern und Ressourcen verwalten

2. Welches Betriebssystem ist besonders bekannt für seine Verwendung auf Apple-Computern? **Antwort:** C. macOS

Kapitel V - Grundlegende Computerkomponenten:

3. Was ist die Hauptfunktion des RAM (Random Access Memory) in einem Computer? **Antwort:** B. Ausführung von Anwendungen und temporäre Speicherung von Daten

4. Welches der folgenden ist ein Beispiel für ein Peripheriegerät? **Antwort:** C. Maus

Kapitel VI - Netzwerke und Internet:

5. Was versteht man unter einem "Router" in einem Computernetzwerk? **Antwort:** B. Ein Gerät, das den Datenverkehr zwischen verschiedenen Netzwerken steuert

6. Was ist ein DNS in Bezug auf das Internet? **Antwort:** D. Ein Dienst zur Übersetzung von Domainnamen in IP-Adressen.

VII. Sicherheit und Datenschutz

Datenschutzdebakel enthüllt Mangel an IT-Sicherheitsmaßnahmen

Hamburg, 27. Dezember 2023

In einer schockierenden Enthüllung wurde bekannt, dass das renommierte Unternehmen X (Name von der Redaktion geändert) Opfer eines massiven Datenschutzdebakels wurde, das auf einen gravierenden Mangel an angemessenen IT-Sicherheitsmaßnahmen zurückzuführen ist. Dieser Vorfall hat nicht nur das Vertrauen der Kunden erschüttert, sondern auch ernsthafte Fragen zur Sicherheit ihrer persönlichen Daten aufgeworfen.

Der Vorfall trat am 24. Dezember 2023 auf, als eine Gruppe von Cyberkriminellen in die IT-Infrastruktur von Unternehmen X eindrang und Zugriff auf eine große Menge sensibler Kundendaten erlangte. Die gestohlenen Informationen umfassen persönliche Identifikationsdaten, Kreditkartendaten und weitere vertrauliche Informationen von Tausenden von Kunden des Unternehmens.

Untersuchungen zufolge scheint der Angriff aufgrund von erheblichen Schwachstellen in den IT-Sicherheitsmaßnahmen von Unternehmen X möglich gewesen zu sein. Experten weisen darauf hin, dass diese Schwachstellen hätten vermieden werden können, wenn grundlegende Sicherheitsvorkehrungen getroffen worden wären.

Einige der herausragenden Schwachstellen, die in diesem Vorfall offensichtlich wurden, sind:

Schlecht gewählte Passwörter: Es wurde festgestellt, dass einige Mitarbeiter schwache und leicht zu erratende Passwörter für den Zugriff auf sensible Systeme verwendeten.

Veraltete Sicherheitssoftware: Einige der Sicherheitssoftware und Firewalls des Unternehmens waren veraltet und nicht auf dem neuesten Stand der Bedrohungen.

Mangelnde Schulung der Mitarbeiter: Es gab keine angemessene Schulung der Mitarbeiter in Bezug auf sichere Praktiken im Umgang mit sensiblen Daten oder im Erkennen von Phishing-Angriffen.

Unzureichende Überwachung und Protokollierung: Das Unternehmen verfügte über keine ausreichende Überwachung seiner Systeme und Netzwerke, um verdächtige Aktivitäten rechtzeitig zu erkennen.

Die Auswirkungen dieses Vorfalls sind schwerwiegend. Kunden von Unternehmen X sind besorgt über den Missbrauch ihrer persönlichen Daten und die Möglichkeit von Identitätsdiebstahl. Das Unternehmen selbst steht vor erheblichem Imageschaden und rechtlichen Konsequenzen, da Datenschutzverletzungen in vielen Ländern mit hohen Geldstrafen geahndet werden.

Experten für Cybersicherheit betonen die Dringlichkeit für Unternehmen, angemessene IT-Sicherheitsmaßnahmen zu ergreifen und regelmäßig zu überprüfen. Dieser Vorfall sollte als Weckruf dienen, um die Bedeutung eines robusten Datenschutzplans und einer konsequenten Schulung der Mitarbeiter hervorzuheben.

Die Behörden ermitteln derzeit in diesem Fall, um die Verantwortlichen für den Angriff zur Rechenschaft zu ziehen. Unternehmen X hat eine öffentliche Entschuldigung veröffentlicht und verspricht, Maßnahmen zu ergreifen, um solche Vorfälle in Zukunft zu verhindern.

Dieser Vorfall bei Unternehmen X sollte als Erinnerung an die ständig wachsende Bedrohung durch Cyberangriffe und die Notwendigkeit von umfassenden IT-Sicherheitsmaßnahmen dienen, um sowohl die Privatsphäre der Kunden als auch das Ansehen eines Unternehmens zu schützen.

A. Bedeutung von IT-Sicherheit

In unserer zunehmend digitalisierten Welt ist die IT-Sicherheit von entscheidender Bedeutung, und es ist von grundlegender Bedeutung, zu verstehen, warum sie so wichtig ist.

Stellen Sie sich vor, Sie haben ein Schloss an Ihrer Haustür, um Ihr Zuhause vor unbefugtem Zugriff zu schützen. Genauso funktioniert IT-Sicherheit, nur dass es sich um digitale Schlösser und Türen handelt, die Ihre digitalen Daten und Informationen schützen. Hier sind einige Gründe, warum IT-Sicherheit für jeden von Bedeutung ist:

Schutz vor Datenverlust: In unserer digitalen Welt speichern wir eine Fülle von Informationen auf unseren Computern und Geräten. Dies können persönliche Fotos, Dokumente, E-Mails oder sogar Finanzdaten sein. IT-Sicherheit schützt diese Daten vor Verlust, Diebstahl oder Beschädigung.

Schutz vor Cyberangriffen: Das Internet ist ein Ort, an dem Cyberkriminelle aktiv sind. Sie versuchen, in Computersysteme einzudringen, um Daten zu stehlen, Viren zu verbreiten oder andere schädliche Aktivitäten auszuführen. IT-Sicherheit hilft dabei, solche Angriffe zu erkennen und abzuwehren.

Wahrung der Privatsphäre: Wir alle schätzen unsere Privatsphäre. IT-Sicherheit gewährleistet, dass Ihre persönlichen Informationen, Passwörter und Kommunikationen nicht in die falschen Hände geraten.

Gewährleistung der Geschäftskontinuität: Unternehmen sind in hohem Maße von IT-Systemen abhängig. Ein Sicherheitsvorfall kann erhebliche Auswirkungen auf den Geschäftsbetrieb haben. Daher ist IT-Sicherheit unerlässlich, um die Kontinuität von Unternehmen zu gewährleisten.

Einhaltung von Vorschriften: In vielen Ländern gibt es Datenschutzgesetze, die vorschreiben, wie Unternehmen und Organisationen mit persönlichen Daten umgehen müssen. IT-Sicherheit hilft dabei, diese Vorschriften einzuhalten und rechtliche Probleme zu vermeiden.

Denken Sie an IT-Sicherheit als digitale Sicherheitsvorkehrungen, die Ihre digitalen Türen und Fenster schützen, um Ihre Daten und Privatsphäre zu bewahren. In den nächsten Abschnitten werden wir genauer darauf eingehen, wie Sie Ihre IT-Umgebung sicher gestalten können und wie Sie sich vor den verschiedenen Bedrohungen schützen können. Denn egal, ob Sie ein Schüler, Berufseinsteiger oder IT-interessierter Laie sind, IT-Sicherheit betrifft uns alle und ist ein unverzichtbarer Bestandteil unseres digitalen Lebens.

B. Grundlagen des Datenschutzes

In diesem Abschnitt werden wir über die Grundlagen des Datenschutzes sprechen. Datenschutz ist ein Thema, das in unserer digitalen Welt von großer Bedeutung ist, da immer mehr persönliche Informationen online gespeichert und ausgetauscht werden. Wir werden uns darauf konzentrieren, was Datenschutz ist und warum er so wichtig ist.

Was ist Datenschutz?

Datenschutz bezieht sich auf die Praktiken und Maßnahmen, die ergriffen werden, um die persönlichen Informationen von Menschen zu schützen. Das können Informationen wie Ihr Name, Ihre Adresse, Ihre E-Mail-Adresse, Ihre Geburtsdaten, aber auch sensiblere Daten wie Gesundheitsinformationen oder finanzielle Details sein.

Warum ist Datenschutz wichtig?

Datenschutz ist aus mehreren Gründen von entscheidender Bedeutung:

Schutz der Privatsphäre: Datenschutz ermöglicht es den Menschen, Kontrolle über ihre persönlichen Informationen zu behalten und zu entscheiden, wer darauf zugreifen kann. Dies ist wichtig, um die Privatsphäre und die persönliche Freiheit zu wahren.

Vermeidung von Missbrauch: Ohne Datenschutzmaßnahmen könnten persönliche Informationen in die falschen Hände geraten und für betrügerische oder schädliche Zwecke missbraucht werden. Datenschutz hilft, dies zu verhindern.

Rechtliche Anforderungen: In vielen Ländern gibt es Datenschutzgesetze, die Unternehmen und Organisationen verpflichten, die persönlichen Informationen ihrer Kunden oder Mitarbeiter zu schützen. Verstöße gegen diese Gesetze können zu rechtlichen Konsequenzen führen.

Vertrauen aufbauen: Organisationen, die sich um den Schutz der persönlichen Informationen ihrer Kunden kümmern, bauen Vertrauen auf. Menschen sind eher bereit, mit Unternehmen zusammenzuarbeiten oder Dienstleistungen in Anspruch zu nehmen, wenn sie wissen, dass ihre Daten sicher sind.

Wie wird Datenschutz umgesetzt?

Der Schutz persönlicher Informationen erfolgt durch verschiedene Maßnahmen, darunter:

Verschlüsselung: Dies ist eine Technik, bei der Daten in einen unleserlichen Code umgewandelt werden, der nur mit dem richtigen Entschlüsselungsschlüssel lesbar ist.

Passwörter und Zugriffskontrolle: Die Verwendung von sicheren Passwörtern und die Begrenzung des Zugriffs auf Daten auf autorisierte Benutzer sind wichtige Datenschutzpraktiken.

Datenschutzrichtlinien: Organisationen sollten Datenschutzrichtlinien entwickeln und durchsetzen, die klarstellen, wie sie mit persönlichen Informationen umgehen.

Sicherheitssoftware: Die Verwendung von Antivirensoftware, Firewalls und anderen Sicherheitswerkzeugen kann dazu beitragen, die Integrität von Daten zu schützen.

Abschließend ist es wichtig zu verstehen, dass Datenschutz nicht nur in der Verantwortung von Unternehmen und Organisationen liegt, sondern auch in der Verantwortung jedes Einzelnen. Indem Sie bewusst mit Ihren persönlichen Informationen umgehen und sich bewusst für Datenschutzmaßnahmen einsetzen, können Sie dazu beitragen, Ihre Daten und Ihre Privatsphäre zu schützen. In den kommenden Abschnitten werden wir noch tiefer in das Thema Sicherheit und Datenschutz eintauchen und Ihnen praktische Tipps geben, wie Sie sich in der digitalen Welt schützen können.

VIII. Grundlagen der Programmierung

A. Einführung in die Programmierung

Herzlich willkommen zum achten Abschnitt unseres Buches, in dem wir die spannende Welt der Programmierung erkunden werden. Programmierung ist der Prozess, bei dem Computeranwendungen und Software entwickelt werden, die es den Computern ermöglichen, Aufgaben auszuführen. Auch wenn Sie bisher keine Erfahrung in diesem Bereich haben, werden wir Ihnen in diesem Abschnitt die Grundlagen der Programmierung verständlich erklären.

Warum ist Programmierung wichtig?

Programmierung ist eine der grundlegenden Fähigkeiten in der heutigen digitalen Welt. Sie ermöglicht es uns, Softwareanwendungen zu erstellen, die in Bereichen wie Unterhaltung, Gesundheitswesen, Finanzen und Bildung eingesetzt werden. Hier sind einige Gründe, warum Programmierung so wichtig ist:

Automatisierung: Programme können Aufgaben automatisieren und repetitive Arbeit erleichtern. Zum Beispiel können sie Daten verarbeiten, E-Mails senden oder komplexe Berechnungen durchführen.

Kreativität: Programmierung eröffnet die Möglichkeit, kreative Software und Anwendungen zu entwickeln, sei es ein neues Videospiel, eine mobile App oder eine Webseite.

Problemlösung: Programmiererinnen und Programmierer sind Experten in der Lösung von Problemen. Sie entwickeln Software, um Herausforderungen zu bewältigen und Innovationen voranzutreiben.

Karrierechancen: In der heutigen Arbeitswelt sind Kenntnisse in der Programmierung gefragt. Viele Berufe erfordern zumindest grundlegende Programmierkenntnisse.

Grundlegende Konzepte der Programmierung

Bevor wir in die Programmierung einsteigen, ist es wichtig, einige grundlegende Konzepte zu verstehen:

Algorithmen: Ein Algorithmus ist eine Schritt-für-Schritt-Anleitung, die angibt, wie eine Aufgabe gelöst werden soll. Es ist der Baustein der Programmierung.

Hier ist ein Beispiel für einen Algorithmus, der Ihnen einen Einblick in die Welt der Programmierung gibt. Dieser Algorithmus wird eine Anweisung ausführen, um die Summe von zwei Zahlen zu berechnen:

Algorithmus zur Berechnung der Summe von zwei Zahlen

1. Schritt: Start
2. Schritt: Geben Sie die erste Zahl ein und speichern Sie sie in einer Variable, z.B. "Zahl1".
3. Schritt: Geben Sie die zweite Zahl ein und speichern Sie sie in einer anderen Variable, z.B. "Zahl2".
4. Schritt: Addieren Sie "Zahl1" und "Zahl2" und speichern Sie das Ergebnis in einer dritten Variable, z.B. "Ergebnis".
5. Schritt: Geben Sie das Ergebnis aus, z.B. "Die Summe von Zahl1 und Zahl2 ist Ergebnis".
6. Schritt: Ende

Lassen Sie uns dieses Beispiel Schritt für Schritt durchgehen:

1. Der Algorithmus beginnt mit "Start" und endet mit "Ende".

2. In Schritt 2 werden Sie aufgefordert, die erste Zahl einzugeben, zum Beispiel 5, und diese in der Variable "Zahl1" zu speichern.

3. In Schritt 3 geben Sie die zweite Zahl ein, zum Beispiel 3, und speichern diese in der Variable "Zahl2".

4. Schritt 4 führt die Berechnung der Summe von "Zahl1" (5) und "Zahl2" (3) durch und speichert das Ergebnis (8) in der Variable "Ergebnis".

5. Schritt 5 gibt das Ergebnis aus: "Die Summe von Zahl1 und Zahl2 ist 8".

6. Der Algorithmus endet.

Dies ist ein einfacher Algorithmus, der zeigt, wie grundlegende Programmierkonzepte wie Variablen und mathematische Operationen in einem Algorithmus verwendet werden können. In der Praxis würden Sie einen tatsächlichen Programmiercode verwenden, um diese Berechnung durchzuführen, aber dieser einfache Algorithmus veranschaulicht das grundlegende Vorgehen bei der Lösung von Problemen in der Programmierung.

Programmiersprachen: Programmiersprachen sind Werkzeuge, mit denen Sie Anweisungen für den Computer schreiben. Beispiele für Programmiersprachen sind Python, Java und JavaScript.

Variablen: Variablen sind Platzhalter von Orten, an denen Daten im Computer gespeichert werden. Sie können Werte wie Zahlen, Text oder Wahrheitswerte enthalten.

Bedingungen und Schleifen: Diese Konzepte ermöglichen es, Entscheidungen zu treffen und wiederholte Aktionen auszuführen, basierend auf bestimmten Bedingungen.

In den kommenden Abschnitten werden wir tiefer in diese Konzepte eintauchen und Ihnen praktische Beispiele und Übungen geben, um Ihr Verständnis für die Programmierung zu vertiefen. Egal, ob Sie ein Schüler, Berufseinsteiger oder einfach nur neugierig auf die Welt der Programmierung sind, wir werden gemeinsam die Grundlagen erkunden und Ihnen den Einstieg erleichtern.

B. Beispielcode und einfache Anwendungen

In diesem Abschnitt werden wir uns anschauen, wie Programmierung in der Praxis aussieht. Wir werden Ihnen Beispielcode zeigen und einfache Anwendungen erstellen, um Ihr Verständnis für die Welt der Programmierung zu vertiefen. Machen Sie sich keine Sorgen, wir beginnen mit den Grundlagen!

Beispielcode: "Hallo, Welt!"

In der Programmierung ist es Tradition, mit einem einfachen "Hallo, Welt!"-Programm zu beginnen. Dieses Programm gibt nur eine Nachricht aus, nämlich "Hallo, Welt!", und mag auf den ersten Blick banal erscheinen, aber es ist ein wichtiger erster Schritt.

Hier ist ein einfaches Beispiel in der Programmiersprache Python:

```
print("Hallo, Welt!")
```

Dieser Code verwendet die Funktion `print()`, um den Text "Hallo, Welt!" auf dem Bildschirm auszugeben. Wenn Sie diesen Code ausführen, wird diese Nachricht angezeigt.

Verstehen des Beispielcodes:

- `print`: Dies ist ein Befehl in Python, der verwendet wird, um Text oder andere Informationen auf dem Bildschirm auszugeben.
- `"Hallo, Welt!"`: Dies ist der Text, den Sie ausgeben möchten. In Python müssen Textnachrichten in doppelten Anführungszeichen `"` oder einfachen Anführungszeichen `'` eingeschlossen sein.

Jetzt, da Sie sehen können, wie einfach Programmierung sein kann, lassen Sie uns einen Schritt weiter gehen und eine einfache Anwendung erstellen.

Einfache Anwendung: Taschenrechner

Stellen Sie sich vor, Sie möchten einen einfachen Taschenrechner erstellen, der zwei Zahlen addieren kann. Hier ist ein Beispiel in Python:

```
# Eingabe der beiden Zahlen
zahl1 = float(input("Geben Sie die erste Zahl
ein: "))
zahl2 = float(input("Geben Sie die zweite Zahl
ein: "))

# Berechnung der Summe
ergebnis = zahl1 + zahl2

# Ausgabe des Ergebnisses
print("Die Summe ist:", ergebnis)
```

In diesem Code:

- Wir verwenden `input()`, um Benutzereingaben für zwei Zahlen zu erhalten.
- Wir speichern die eingegebenen Zahlen in den Variablen `zahl1` und `zahl2`.
- Dann berechnen wir die Summe dieser Zahlen und speichern sie in der Variable `ergebnis`.
- Schließlich verwenden wir `print()`, um das Ergebnis anzuzeigen.

Wenn Sie diesen Code ausführen, können Sie zwei Zahlen eingeben, und die Anwendung wird die Summe berechnen und Ihnen das Ergebnis anzeigen.

Diese Beispiele sollen verdeutlichen, wie Programmierung in der Praxis funktioniert. Wir haben einfache Schritte befolgt, um nützliche Aufgaben zu erledigen. Mit der Zeit können Sie Ihre Programmierkenntnisse erweitern und komplexere Anwendungen entwickeln. Denken Sie daran, dass Programmierung wie das Erlernen einer neuen Sprache ist – es erfordert Übung und Geduld, aber die Möglichkeiten sind grenzenlos.

IX. IT im Alltag und in der Arbeitswelt

A. IT im täglichen Leben

Die Informationstechnologie (IT) hat unser tägliches Leben in den letzten Jahrzehnten stark beeinflusst. Selbst wenn Sie sich nicht als Technikexperte betrachten, sind Sie wahrscheinlich von IT-Anwendungen umgeben, die Ihren Alltag erleichtern. In diesem Abschnitt werden wir uns einige der Bereiche ansehen, in denen IT eine Rolle spielt.

1. Kommunikation

Eine der offensichtlichsten Auswirkungen von IT auf unser tägliches Leben ist die Art und Weise, wie wir kommunizieren. E-Mails, Textnachrichten, soziale Medien und Videokonferenzen ermöglichen es uns, mit Menschen auf der ganzen Welt in Verbindung zu bleiben. Dies hat die Art und Weise, wie wir arbeiten, Geschäfte machen und Freundschaften pflegen, revolutioniert.

2. Unterhaltung

Denken Sie an Musik, Filme, Videospiele und Streaming-Dienste. All diese Formen der Unterhaltung sind eng mit IT verbunden. Sie können Musik über das Internet streamen, Filme auf Ihren mobilen Geräten ansehen und Videospiele online mit Freunden spielen. IT hat die Unterhaltungsindustrie auf neue Höhen gehoben.

3. Gesundheitswesen

Im Gesundheitswesen hat die IT die Patientenversorgung und -verwaltung verbessert. Elektronische Patientenakten, Telemedizin und Gesundheits-Apps ermöglichen es Ärzten, Patienten besser zu betreuen und den Zugang zu medizinischer Versorgung zu erleichtern.

4. Bildung

Schüler und Studenten können online auf Bildungsinhalte zugreifen, Lernplattformen nutzen und in virtuellen Klassenzimmern teilnehmen. Dies hat Bildung globaler und zugänglicher gemacht.

5. Einkaufen

Online-Shopping hat den Einzelhandel revolutioniert. Mit wenigen Klicks können Sie Produkte aus der ganzen Welt bestellen und bequem nach Hause liefern lassen.

6. Navigation

Dank GPS und Navigationsanwendungen in Smartphones können wir uns leicht in unbekannten Gebieten orientieren. IT hat das Papierkartenzeitalter ersetzt.

7. Smarte Geräte

Von Smartphones über Smart-TVs bis hin zu vernetzten Haushaltsgeräten - intelligente Geräte sind aus unserem Alltag nicht mehr wegzudenken. Sie bieten Bequemlichkeit und Effizienz.

Die Bedeutung der IT im täglichen Leben wird voraussichtlich weiter zunehmen, da Technologien wie künstliche Intelligenz und das Internet der Dinge immer weiter voranschreiten. Es ist wichtig, IT-Grundwissen zu erwerben, um in dieser hochtechnisierten Welt erfolgreich zu navigieren und die Vorteile, die sie bietet, voll auszuschöpfen. In den nächsten Abschnitten werden wir uns mit der Rolle der IT in verschiedenen Berufsfeldern auseinandersetzen und wie IT-Kenntnisse in der Arbeitswelt gefragt sind.

B. Die Rolle der IT in verschiedenen Berufsfeldern

Die Informationstechnologie (IT) hat in den letzten Jahrzehnten nahezu alle Aspekte der Arbeitswelt revolutioniert. In diesem Abschnitt werden wir einen Blick darauf werfen, wie IT in verschiedenen Berufsfeldern eine zentrale Rolle spielt und wie IT-Fachkenntnisse in der heutigen Arbeitswelt von unschätzbarem Wert sind.

1. Gesundheitswesen

Im Gesundheitswesen sind IT-Systeme entscheidend für die Patienten-versorgung und -verwaltung. Elektronische Patientenakten (EPA) ermöglichen Ärzten und medizinischem Personal einen schnellen und sicheren Zugriff auf die medizinische Historie von Patienten. Diagnosen und Behandlungspläne werden mithilfe von IT-Anwendungen optimiert. Darüber hinaus ermöglicht die Telemedizin die Fernüberwachung von Patienten und die Durchführung von Konsultationen über das Internet.

2. Finanzwesen

Im Finanzwesen sind IT-Systeme für die Abwicklung von Trans-aktionen, die Verwaltung von Kundenkonten und die Analyse von Finanz-daten von entscheidender Bedeutung. Hochleistungsrechner und Algorithmen werden eingesetzt, um Handelsstrategien zu entwickeln und das Risikomanagement zu optimieren. Online-Banking und mobile Zahlungsdienste sind alltägliche Beispiele für IT im Finanzbereich.

3. Bildungswesen

Das Bildungswesen profitiert von IT in Form von Lern-management-Systemen, virtuellen Klassenzimmern und E-Learning-Platt-formen. Lehrer und Schüler können auf digitale Lehrmaterialien zugreifen und mithilfe von Online-Tools und -Ressourcen das Lernen erleichtern.

4. Marketing und Werbung

Marketing und Werbung sind eng mit IT verbunden, insbesondere im Bereich Online-Marketing. Unternehmen nutzen Big Data-Analyse, um das Verhalten der Verbraucher zu verstehen und gezielte Marketingkampagnen durchzuführen. Soziale Medien und Online-Werbung sind wichtige Kanäle für die Markenkommunikation.

5. Ingenieurwesen und Fertigung

Ingenieure nutzen CAD-Software (Computer-Aided Design), um Modelle und Pläne zu erstellen. Die Automatisierung von Fertigungsprozessen mit Hilfe von Robotern und computergesteuerten Maschinen hat die Effizienz und Präzision in der Fertigungsindustrie verbessert.

6. Medien und Unterhaltung

Die Medien- und Unterhaltungsbranche hat von der Digitalisierung profitiert. Filmproduktion, Musikproduktion, Animation und Videospiele sind stark von IT-Tools und -Technologien abhängig. Streaming-Dienste bieten eine Vielzahl von Inhalten über das Internet.

7. Informationstechnologie selbst

Natürlich spielt IT auch in der IT-Branche eine herausragende Rolle. Informatiker, Softwareentwickler und Netzwerkspezialisten arbeiten an der Entwicklung, Wartung und Verbesserung von IT-Infrastrukturen und -Anwendungen.

Diese Beispiele verdeutlichen, wie weitreichend die Bedeutung von IT in verschiedenen Berufsfeldern ist. Diejenigen, die über IT-Grundkenntnisse verfügen, sind in der Lage, in nahezu jedem Berufsfeld wertvolle Beiträge zu leisten und sich beruflich weiterzuentwickeln. Es ist wichtig zu verstehen, dass IT nicht nur für IT-Profis relevant ist, sondern in der heutigen Arbeitswelt von jedem erwartet wird, Grundkenntnisse in diesem Bereich zu besitzen. Dieses Buch wird Ihnen helfen, diese Grundlagen zu erlernen und Ihr IT-Wissen zu erweitern.

Wiederholungsfragen zu Kapitel VII bis IX

Kapitel VII: Sicherheit und Datenschutz

1. Welche der folgenden Aussagen beschreibt die Bedeutung von IT-Sicherheit am besten?

a. IT-Sicherheit ist nur für IT-Profis relevant.

b. IT-Sicherheit schützt Daten und Systeme vor Bedrohungen und Angriffen.

c. IT-Sicherheit ist nur im geschäftlichen Umfeld wichtig.

d. IT-Sicherheit ist ausschließlich auf Software beschränkt.

2. Was sind Beispiele für IT-Sicherheitsbedrohungen?

a. Kaffeeverschüttung auf der Tastatur

b. Computerviren und Malware

c. Sonnenstich

d. Gedankenlesen

Kapitel VIII: Grundlagen der Programmierung

3. Was ist Programmierung?

a. Das Einrichten eines neuen Computers.

b. Das Schreiben von Anweisungen, um Computer Aufgaben ausführen zu lassen.

c. Das Erstellen von Computerspielen.

d. Das Reparieren von Hardware-Problemen.

4. Welche der folgenden Aussagen beschreibt einen Algorithmus?

a. Ein Algorithmus ist ein leeres Dokument.

b. Ein Algorithmus ist eine Schritt-für-Schritt-Anleitung zur Lösung eines Problems.

60

c. Ein Algorithmus ist ein Computerprogramm.

d. Ein Algorithmus ist eine Art von Hardware.

Kapitel IX: IT im Alltag und in der Arbeitswelt

5. Wie beeinflusst IT das tägliche Leben?

a. IT hat keinen Einfluss auf das tägliche Leben.

b. IT ermöglicht Kommunikation, Unterhaltung und Einkaufen online.

c. IT beeinflusst nur die Gesundheitsbranche.

d. IT ist nur in der Wissenschaft wichtig.

6. Welche Berufsfelder profitieren von IT-Kenntnissen?

a. Nur die IT-Branche selbst.

b. Keine Berufsfelder außerhalb der IT.

c. Eine breite Palette von Berufsfeldern, einschließlich Gesundheitswesen, Finanzwesen und Marketing.

d. Nur das Bildungswesen.

Antworten zu den Multiple-Choice Fragen

Kapitel VII: Sicherheit und Datenschutz

1. Welche der folgenden Aussagen beschreibt die Bedeutung von IT-Sicherheit am besten? Antwort: b. IT-Sicherheit schützt Daten und Systeme vor Bedrohungen und Angriffen.

2. Was sind Beispiele für IT-Sicherheitsbedrohungen? Antwort: b. Computerviren und Malware.

Kapitel VIII: Grundlagen der Programmierung

3. Was ist Programmierung? Antwort: b. Das Schreiben von Anweisungen, um Computer Aufgaben ausführen zu lassen.

4. Welche der folgenden Aussagen beschreibt einen Algorithmus? Antwort: b. Ein Algorithmus ist eine Schritt-für-Schritt-Anleitung zur Lösung eines Problems.

Kapitel IX: IT im Alltag und in der Arbeitswelt

5. Wie beeinflusst IT das tägliche Leben? Antwort: b. IT ermöglicht Kommunikation, Unterhaltung und Einkaufen online.

6. Welche Berufsfelder profitieren von IT-Kenntnissen? Antwort: c. Eine breite Palette von Berufsfeldern, einschließlich Gesundheitswesen, Finanzwesen und Marketing.

X. Weiterführende Ressourcen und Tipps

A. Empfehlungen für vertiefendes Lernen

Herzlichen Glückwunsch, du hast nun die Grundlagen der Informationstechnologie erkundet und ein solides IT-Grundwissen erworben. Doch die Welt der IT ist so vielfältig und dynamisch, dass es immer mehr zu entdecken gibt. Hier sind einige Empfehlungen und Ressourcen, die dir dabei helfen können, dein Wissen weiter zu vertiefen:

Online-Kurse und Lernplattformen: Es gibt viele erstklassige Online-Kurse, die sowohl Anfängern als auch Fortgeschrittenen dabei helfen, ihre IT-Kenntnisse zu erweitern. Plattformen wie Coursera, edX, Udemy und Khan Academy bieten eine breite Palette von IT-Kursen zu verschiedenen Themen an.

Bücher: Es gibt unzählige Bücher über IT und Informationstechnologie. Je nach deinem Interessengebiet könnten Bücher wie "Einführung in die Programmierung" von John Smith oder "IT-Sicherheit für Einsteiger" von Anna Müller hilfreich sein.

Online-Foren und Communitys: Trete IT-Communitys und Foren bei, um von anderen Lernenden und Experten zu lernen. Reddit, Stack Overflow und GitHub sind großartige Plattformen, um Fragen zu stellen und Wissen zu teilen.

Projekte und Praxiserfahrung: Die praktische Anwendung deines Wissens ist entscheidend. Versuche, eigene IT-Projekte zu starten oder dich an Open-Source-Softwareentwicklung zu beteiligen, um praktische Erfahrungen zu sammeln.

Weiterbildungseinrichtungen: Wenn du eine intensivere Ausbildung in Betracht ziehst, informiere dich über lokale Colleges oder Universitäten, die IT-Studiengänge oder Zertifikatsprogramme anbieten.

Online-Ressourcen: Es gibt zahlreiche Websites und Blogs, die aktuelle Informationen und Tutorials zu IT-Themen bieten. Verfolge Branchennews und halte dich über Trends auf dem Laufenden.

IT-Zertifikate: Denke darüber nach, Zertifikate wie CompTIA A+, Cisco CCNA, oder Microsoft Certified Professional (MCP) zu erwerben, um deine Fähigkeiten und Qualifikationen nachzuweisen.

Meetups und Konferenzen: Besuche lokale IT-Meetups und Konferenzen, um mit anderen IT-Enthusiasten und Fachleuten in Kontakt zu treten. Dies bietet großartige Möglichkeiten zum Networking und zum Erfahrungsaustausch.

Denke daran, dass IT ein sich ständig weiterentwickelndes Feld ist. Es ist wichtig, neugierig zu bleiben und kontinuierlich zu lernen, um mit den Entwicklungen Schritt zu halten. Egal, ob du deine Fähigkeiten für den beruflichen Aufstieg verbessern möchtest oder einfach aus persönlichem Interesse an der IT-Welt teilnehmen möchtest, die oben genannten Ressourcen können dir dabei helfen, deine IT-Kenntnisse und -Fähigkeiten auf das nächste Level zu bringen.

In Kapitel XI werden wir die wichtigsten Erkenntnisse aus diesem Buch zusammenfassen, bevor wir in Kapitel XII abschließende Gedanken zur Bedeutung von IT-Grundwissen teilen.

XI. Zusammenfassung

A. Wichtige Erkenntnisse aus dem Text

In diesem Buch haben wir eine spannende Reise durch die Welt der Informationstechnologie unternommen und die Grundlagen für IT-Grundwissen erkundet. Wir haben einige entscheidende Erkenntnisse gewonnen, die dir helfen werden, die Bedeutung der Informationstechnologie in unserem modernen Leben und in der Arbeitswelt zu verstehen. Hier sind die wichtigsten Punkte, die du aus diesem Buch mitnehmen solltest:

IT-Grundwissen ist unverzichtbar: Egal in welchem Bereich du arbeitest oder welches Interessengebiet du verfolgst, IT-Grundkenntnisse sind heute unverzichtbar. Sie ermöglichen es dir, in einer zunehmend digitalisierten Welt erfolgreich zu navigieren.

Informationstechnologie ist überall: IT ist nicht auf Computer beschränkt. Sie durchdringt alle Aspekte unseres Lebens, von Smartphones über vernetzte Haushaltsgeräte bis hin zur Steuerung von Industrieanlagen.

Hardware und Software sind die Grundbausteine: Du hast gelernt, dass Hardware die physischen Komponenten eines Computers sind, während Software die Programme und Anwendungen sind, die auf diesen Geräten laufen.

Betriebssysteme sind entscheidend: Betriebssysteme wie Windows, macOS und Linux spielen eine zentrale Rolle bei der Verwaltung von Computern und ermöglichen es uns, Anwendungen auszuführen und auf Dateien zuzugreifen.

Netzwerke verbinden die Welt: Das Verständnis von Netzwerken ist entscheidend, um zu verstehen, wie Geräte miteinander kommunizieren, sei es über lokale Netzwerke oder das globale Internet.

Sicherheit und Datenschutz sind von höchster Bedeutung: IT-Sicherheit ist notwendig, um deine Daten und Systeme vor Bedrohungen zu schützen. Datenschutz gewinnt angesichts der wachsenden Datenmengen und der Notwendigkeit des Schutzes persönlicher Informationen an Bedeutung.

65

Grundlagen der Programmierung sind nützlich: Selbst wenn du kein professioneller Programmierer werden möchtest, sind Grundkenntnisse der Programmierung hilfreich, um Probleme zu lösen und Abläufe zu automatisieren.

IT in verschiedenen Berufsfeldern: IT spielt in nahezu allen Berufsfeldern eine Rolle, sei es im Gesundheitswesen, im Finanzwesen, im Marketing oder in der Logistik. Verständnis der IT kann deine beruflichen Aussichten verbessern.

Weiterführende Ressourcen nutzen: Es gibt viele Möglichkeiten, dein IT-Wissen zu vertiefen. Online-Kurse, Bücher, praktische Projekte und Communitys können dir dabei helfen, deine Fähigkeiten weiterzuentwickeln.

Mit diesem Grundwissen über Informationstechnologie bist du gut gerüstet, um dich in der digitalen Welt zurechtzufinden. Denke daran, dass IT ein kontinuierlich wachsendes Feld ist, und bleibe neugierig auf die Entwicklungen und Möglichkeiten, die es bietet.

Im abschließenden Kapitel XII werden wir einige abschließende Gedanken zur Bedeutung von IT-Grundwissen teilen.

XII. Schlusswort zum IT-Grundwissen

A. Fallstudie

Max S., ein 32-jähriger Absolvent in Betriebswirtschaft, war bis vor Kurzem in einem kleinen Unternehmen als Marketingleiter tätig. Seine Aufgaben umfassten das Erstellen von Marketingkampagnen, die Analyse von Kundendaten und die Entwicklung von Vertriebsstrategien. Obwohl er seine Arbeit liebte, bemerkte Max S. S., dass seine Fähigkeiten im Bereich der Informationstechnologie begrenzt waren und er Schwierigkeiten hatte, mit den technologischen Anforderungen Schritt zu halten.

Nachdem Max S. dieses Buch über das IT-Grundwissen gelesen hatte, erkannte er die Bedeutung von IT-Grundkenntnissen in der heutigen digitalen Arbeitswelt. Er beschloss, seine IT-Fähigkeiten zu verbessern und begann, sich intensiver mit den in Kapitel II vorgestellten Grundlagen der Informationstechnologie zu beschäftigen. Er vertiefte sein Verständnis für Hardware und Software, erlernte die verschiedenen Arten von Betriebssystemen (wie Windows, macOS und Linux aus Kapitel IV und entwickelte ein tieferes Wissen über Prozessoren:Gehirn eines Computers, RAM und Speicher aus Kapitel V.

Max S. erkannte, dass die Nutzung von Netzwerken und dem Internet, wie in Kapitel VI beschrieben, seine Effizienz bei der Recherche von Markttrends und der Interaktion mit Kunden erheblich verbessern könnte. Er lernte die Bedeutung von Begriffen wie "Router", "Firewall" und "Datenverschlüsselung" und konnte so seine Online-Aktivitäten sicherer gestalten.

Die Kapitel VII und VIII über IT-Sicherheit und Grundlagen der Programmierung eröffneten Max S. ganz neue Horizonte. Er erkannte die Gefahren von Cyberangriffen und Datenschutzverletzungen und begann, IT-Sicherheitspraktiken in sein Marketingteam zu integrieren. Darüber hinaus wagte er sich in die Welt der Programmierung, indem er die in Kapitel VIII beschriebenen Beispielcodes studierte und einfache Anwendungen entwickelte.

Die Fortschritte von Max S. blieben nicht unbemerkt. Sein Arbeitgeber erkannte sein Engagement für die Verbesserung seiner IT-Fähigkeiten und beförderte ihn zum IT-Beauftragten des Unternehmens. Max S.' neu erworbenes IT-Grundwissen ermöglichte es ihm, die IT-Infrastruktur des Unternehmens zu optimieren und die Effizienz in allen Abteilungen zu steigern. Er spielte eine Schlüsselrolle bei der Implementierung neuer Softwarelösungen, die die Produktivität steigerten und die Kundenzufriedenheit verbesserten.

Durch sein Verständnis für die Bedeutung von IT im heutigen Geschäftsumfeld konnte Max S. nicht nur beruflich aufsteigen, sondern auch seine persönliche und berufliche Entwicklung vorantreiben. Er ist nun in der Lage, sich aktiv an strategischen IT-Entscheidungen zu beteiligen und die digitale Transformation seines Unternehmens zu fördern.

Max S.' Fallstudie veranschaulicht, wie lebenslanges Lernen und die Anwendung von IT-Grundkenntnissen die berufliche Laufbahn eines Einzelnen nachhaltig verändern können. Seine Reise von einem Marketingexperten zu einem IT-Verantwortlichen zeigt, dass IT-Grundwissen ein Schlüssel zum beruflichen Erfolg in der modernen Arbeitswelt ist.

B. Abschließende Gedanken zur Bedeutung von IT-Grundwissen

Herzlichen Glückwunsch, du hast es geschafft! Du hast diesen Teil des Buches über IT-Grundwissen für Einsteiger von Anfang bis hierher durchgearbeitet, und wir hoffen, dass du viel Neues gelernt und wertvolle Erkenntnisse gewonnen hast. Bevor du dich in die digitale Welt unabhängig vom KI-Grundwissen stürzt, möchten wir dir einige abschließende Gedanken zur Bedeutung von IT-Grundwissen mit auf den Weg geben.

Informationstechnologie ist keine isolierte Disziplin mehr, die nur von IT-Profis benötigt wird. Sie ist in jedem Aspekt unseres Lebens präsent und beeinflusst, wie wir arbeiten, kommunizieren, lernen und leben. Daher ist es von entscheidender Bedeutung, dass Menschen aus allen Lebensbereichen ein gewisses Maß an IT-Grundwissen haben. Hier sind einige Schlüsselaspekte, die du bedenken solltest:

Wettbewerbsfähigkeit: In einer globalisierten Welt sind digitale Fähigkeiten ein Wettbewerbsvorteil. Egal in welchem Berufsfeld du tätig bist, die Kenntnis grundlegender IT-Prinzipien kann dir helfen, effizienter und innovativer zu sein.

Selbstvertrauen: Mit IT-Grundkenntnissen kannst du Selbstvertrauen im Umgang mit Technologie entwickeln. Das bedeutet, dass du dich nicht von technischen Herausforderungen einschüchtern lassen musst.

Sicherheit: Die digitale Welt birgt auch Gefahren. IT-Grundwissen hilft dir, dich vor Bedrohungen wie Viren, Malware und Cyberangriffen zu schützen und deine persönlichen Daten zu sichern.

Karrieremöglichkeiten: Viele Berufe erfordern heute IT-Kenntnisse. Durch die Erweiterung deines Wissens in diesem Bereich kannst du deine beruflichen Perspektiven erheblich erweitern.

Innovation und Kreativität: Mit einem Verständnis für IT kannst du innovative Ideen umsetzen und kreativere Lösungen für Probleme finden.

Hier schützen nur IT-Kenntnisse vor dem Chaos.

Abschließend möchten wir betonen, dass IT-Grundwissen ein lebenslanges Lernen ist. Die Informationstechnologie entwickelt sich ständig weiter, und es gibt immer wieder neue Entwicklungen und Trends. Wir ermutigen dich daher, neugierig zu bleiben, weiterzuforschen und dein Wissen kontinuierlich zu erweitern.

Wir hoffen, dass dieser erste Teil des Buches dir dabei geholfen hat, die Grundlagen der Informationstechnologie zu verstehen und dich für die Welt der IT zu begeistern. Wir wünschen dir viel Erfolg auf deiner weiteren IT-Reise! Es geht nun weiter mit dem zweiten Teil, welcher das KI-Grundwissen behandelt.

TEIL 2: KI-GRUNDWISSEN

I. Einführung in Künstliche Intelligenz (KI)

A. Warum KI wichtig ist und ihre zunehmende Bedeutung

Künstliche Intelligenz (KI) ist in den letzten Jahren zu einem der spannendsten und bedeutendsten Bereiche der Informationstechnologie geworden. Auch wenn Sie möglicherweise wenig oder keine Vorkenntnisse in diesem Bereich haben, ist es wichtig zu verstehen, warum KI heute so wichtig ist und warum sie eine immer größere Rolle in unserem Leben spielt.

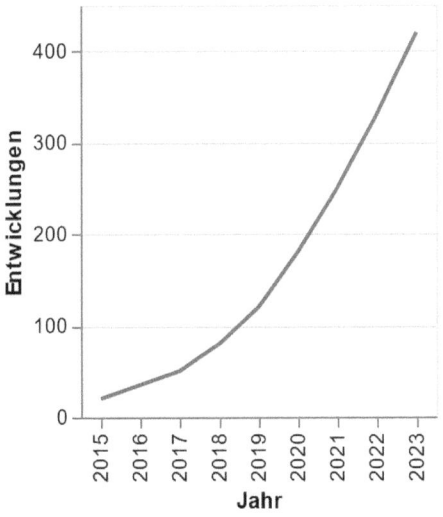

Die obige Grafik zeigt den wachsenden Trend der KI-Entwicklung in den letzten Jahren.

KI ist wichtig, weil sie die Art und Weise, wie wir arbeiten, leben und kommunizieren, revolutioniert. Hier sind einige Gründe, warum KI in unserer heutigen Welt von großer Bedeutung ist:

71

Effizienzsteigerung: KI-Systeme können Aufgaben schneller und genauer erledigen als Menschen. Dies führt zu einer erheblichen Steigerung der Effizienz in vielen Bereichen, von der Produktion bis zur Gesundheitsversorgung.

Datenverarbeitung: In unserer modernen Welt erzeugen wir riesige Mengen an Daten. KI kann uns dabei helfen, diese Daten zu analysieren und wertvolle Erkenntnisse zu gewinnen, die in der Geschäftsstrategie, Medizin, Forschung und vielen anderen Bereichen genutzt werden können.

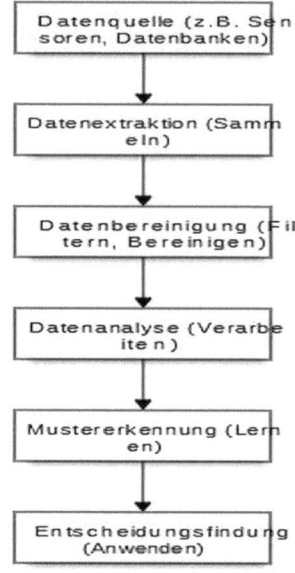

Diese Abbildung veranschaulicht, auf welche Weise KI-Systeme große Datenmengen verarbeiten.

Personalisierung: KI wird bereits in personalisierten Empfehlungssystemen eingesetzt, sei es bei der Produktempfehlung auf E-Commerce-Websites oder bei der Anpassung von Inhalten in sozialen Medien. Sie lernt unsere Vorlieben und Gewohnheiten kennen und bietet uns maß-geschneiderte Erfahrungen.

Autonome Systeme: KI ermöglicht die Entwicklung autonomer Fahrzeuge, Drohnen und Roboter, die ohne menschliche Steuerung Aufgaben ausführen können. Dies hat das Potenzial, Arbeitsabläufe zu automatisieren und gefährliche Aufgaben sicherer zu gestalten.

Medizinische Fortschritte: In der Medizin hilft KI bei der Diagnose von Krankheiten, der Entwicklung neuer Medikamente und der Verbesserung der Patientenversorgung. Sie kann Muster in medizinischen Bildern erkennen und Ärzte bei Entscheidungen unterstützen.

Diese Abbildung zeigt die Anwendung von KI in der medizinischen Diagnose.

Wirtschaftlicher Einfluss: KI hat bereits große Auswirkungen auf die Wirtschaft. Unternehmen, die KI-Technologien einsetzen, können wettbewerbsfähiger sein und innovative Produkte und Dienstleistungen entwickeln.

Die Bedeutung von KI wird sich in Zukunft voraussichtlich noch weiter verstärken. Es ist daher sinnvoll, sich mit diesem Thema vertraut zu machen, selbst wenn Sie keine technische Hintergrund haben. In diesem Buch werden wir die Grundlagen der KI auf eine zugängliche Weise erkunden, um Ihnen dabei zu helfen, die Welt der Künstlichen Intelligenz besser zu verstehen und zu schätzen. Aber bevor wir in die Details eintauchen, lassen Sie uns in Kapitel II einen Blick darauf werfen, was Künstliche Intelligenz eigentlich ist und wie sie sich entwickelt hat.

II. Was ist Künstliche Intelligenz?

A. Definition und Konzepte von KI

Bevor wir tiefer in die Welt der Künstlichen Intelligenz eintauchen, ist es wichtig, zu verstehen, was genau KI ist und welche Konzepte damit verbunden sind. Lassen Sie uns gemeinsam diese grundlegenden Definitionen und Konzepte erkunden.

KI kann als ein System oder eine Technologie betrachtet werden, die menschliche Intelligenz nachahmt oder simuliert.

Künstliche Intelligenz (KI):

Künstliche Intelligenz ist ein Bereich der Informatik, der sich damit beschäftigt, Maschinen und Computer so zu gestalten, dass sie menschenähnliche Intelligenz und Denkfähigkeit aufweisen. Im Wesentlichen geht es darum, Maschinen so zu programmieren oder zu entwickeln, dass sie Aufgaben ausführen können, die normalerweise menschliche Intelligenz erfordern, wie beispielsweise Problemlösung, Lernen, Planen und Entscheiden.

Konzepte von KI:

Maschinelles Lernen (ML): Dieses Konzept bezieht sich auf die Fähigkeit von Computern, aus Erfahrungen zu lernen und sich selbst zu verbessern, ohne explizite Programmierung. Es ist ein wichtiger Bestandteil von KI und ermöglicht Systemen, Muster und Zusammenhänge in Daten zu erkennen.

Natürliche Sprachverarbeitung (NLP): NLP ist die Fähigkeit von Computern, menschliche Sprache zu verstehen, zu interpretieren und zu generieren. Dies ermöglicht die Entwicklung von Chatbots, Übersetzungssoftware und Spracherkennungssystemen.

Diese Abbildung zeigt, wie NLP in der Textverarbeitung angewendet wird.

Computer Vision:

Dieses Konzept bezieht sich auf die Fähigkeit von Computern, visuelle Informationen aus Bildern oder Videos zu interpretieren und zu verstehen. Es ermöglicht die Erkennung von Objekten, Gesichtern und Mustern.

Hier wird die Erkennung von Objekten durch Computer Vision veranschaulicht.

Robotik:

Die Integration von KI in Roboter ermöglicht es ihnen, autonom Aufgaben auszuführen und sich in realen Umgebungen zu bewegen. Dies hat Anwendungen in Bereichen wie Fertigung, Medizin und Exploration.

77

Die Abbildung zeigt einen Roboter, der mithilfe von KI navigiert.

Expertensysteme:

Expertensysteme sind KI-Systeme, die spezialisiertes Wissen in einem bestimmten Bereich besitzen und dieses Wissen nutzen, um Probleme zu lösen oder Entscheidungen zu treffen. Sie werden oft in der Medizin, in der Diagnose von Krankheiten, eingesetzt.

Diese grundlegenden Konzepte legen den Grundstein für das Verständnis von Künstlicher Intelligenz. In den kommenden Kapiteln werden wir uns näher mit der Geschichte und Entwicklung der KI befassen, um zu verstehen, wie sie zu dem wurde, was sie heute ist. Dies wird uns helfen, die fortschreitenden Entwicklungen in diesem aufregenden Bereich besser zu würdigen.

B. Geschichte und Entwicklung der KI

In diesem Abschnitt werden wir einen Blick auf die faszinierende Geschichte und Entwicklung der Künstlichen Intelligenz (KI) werfen. Es mag überraschend sein, dass die Ideen hinter der KI weit über ein halbes Jahrhundert zurückreichen.

Die Anfänge der KI: Die Ursprünge der KI reichen bis in die 1950er Jahre zurück, als Wissenschaftler begannen, Computer zu programmieren, um menschliche Denkprozesse zu imitieren. Ein bedeutender Meilenstein in dieser Ära war der Schachcomputer "IBM Deep Thought," der in den 1980er Jahren Schachgroßmeister besiegte.

Expertensysteme und die 1980er Jahre: In den 1980er Jahren erlebte die KI-Forschung einen Schub mit der Entwicklung von Expertensystemen. Diese Systeme konnten das Wissen von Experten auf bestimmten Gebieten erfassen und in der Diagnose von medizinischen Problemen oder der Konfiguration von Computerhardware eingesetzt werden.

Der Aufstieg des Machine Learning: In den 1990er Jahren verlagerte sich der Fokus auf Machine Learning, einem Bereich der KI, der es Maschinen ermöglichte, aus Daten zu lernen und Vorhersagen zu treffen. Diese Entwicklung war entscheidend für den Aufstieg von KI in den letzten Jahren.

Deep Learning und neuronale Netze: In den 2010er Jahren brach Deep Learning durch, insbesondere durch die Verwendung von neuronalen Netzen. Diese tieferen Netzwerkstrukturen ermöglichen es KI-Systemen, komplexe Aufgaben wie Bilderkennung und natürliche Sprachverarbeitung mit bisher unerreichter Genauigkeit durchzuführen.

Praktische Anwendungen: Heutzutage sehen wir KI-Systeme überall. Selbstfahrende Autos, Spracherkennungssysteme wie Siri oder Alexa, personalisierte Empfehlungen auf Netflix und Echtzeit-Übersetzungen auf Smartphones sind nur einige Beispiele. KI hat unser tägliches Leben und viele Branchen revolutioniert.

Die Zukunft der KI: Die Entwicklung der KI steht nicht still. Forscher arbeiten an immer fortschrittlicheren Systemen, die noch komplexere Aufgaben bewältigen können. Das Potenzial der KI ist enorm, und es wird erwartet, dass sie in Bereichen wie Gesundheitswesen, Bildung, und Umweltschutz weiterhin einen bedeutenden Einfluss haben wird.

Die Geschichte der KI ist eine faszinierende Reise von den ersten Ideen bis zu den heutigen hochentwickelten Systemen. In den folgenden Abschnitten werden wir genauer darauf eingehen, wie KI-Systeme funktionieren und wie sie in verschiedenen Bereichen eingesetzt werden, um das Verständnis weiter zu vertiefen.

Jahr	Entwicklung
1950	Alan Turing veröffentlicht den Artikel "Computing Machinery and Intelligence," der die Idee von Maschinen mit Intelligenz und die Turing-Test-Hypothese einführt.
1956	Auf der Dartmouth-Konferenz wird der Begriff "Künstliche Intelligenz" geprägt, und die Forschung in diesem Bereich nimmt Fahrt auf.
1957	John McCarthy entwickelt die Programmiersprache LISP, die später für die KI-Forschung von großer Bedeutung ist.
1960er	Die erste Generation von Expertensystemen entsteht, darunter das "Dendral"-System zur chemischen Analyse.
1980er	Der Einsatz von Expertensystemen erreicht seinen Höhepunkt, mit Systemen wie "MYCIN" für medizinische Diagnosen und "XCON" für die Konfiguration von Computern.
1997	Der Schachcomputer "Deep Blue" von IBM besiegt den amtierenden Schachweltmeister Garry Kasparov.
2000er	Der Begriff "Machine Learning" gewinnt an Bedeutung, und Algorithmen wie Support Vector Machines und Random Forests werden entwickelt.
2010er	Der Durchbruch des Deep Learning mit neuronalen Netzen, der zu Fortschritten in der Bilderkennung und Sprachverarbeitung führt.
2011	IBM Watson gewinnt die Quizshow "Jeopardy!" und demonstriert die Fähigkeit von KI, natürliche Sprache zu verstehen und komplexe Fragen zu beantworten.
2014	Google DeepMind entwickelt das neuronale Netzwerk "DeepMind," das das Spiel "Go" gegen den Weltmeister Lee Sedol gewinnt.
2017	AlphaZero, ebenfalls von DeepMind entwickelt, übertrifft alle menschlichen Schach- und Go-Spieler und lernt komplett eigenständig, ohne menschliche Daten.
2020er	KI-Anwendungen sind weit verbreitet und reichen von selbstfahrenden Autos bis hin zu personalisierten Empfehlungen in sozialen Medien.

III. Die Grundlagen von KI-Systemen

A. Aufbau und Funktionsweise von KI-Systemen

In diesem Abschnitt werden wir uns ausführlich damit beschäftigen, wie Künstliche Intelligenz (KI)-Systeme aufgebaut sind und wie sie funktionieren. Es ist wichtig zu verstehen, dass KI-Systeme im Wesentlichen darauf ausgelegt sind, Aufgaben auszuführen, die normalerweise menschliche Intelligenz erfordern. Aber wie schaffen sie das?

Aufbau von KI-Systemen

KI-System

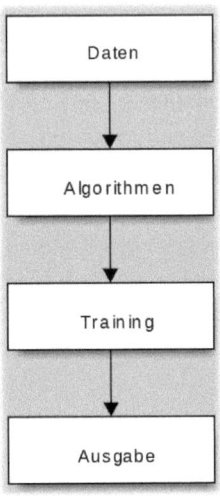

Eine Darstellung eines KI-Systems mit den Komponenten: Daten, Algorithmen, Training und Ausgabe.

KI-Algorithmen und Daten: Der Kern eines jeden KI-Systems besteht aus speziell entwickelten Algorithmen, die es ermöglichen, Muster und Zusammenhänge in Daten zu erkennen. Diese Algorithmen werden mit

81

großen Mengen von Daten trainiert, um die gewünschten Aufgaben auszuführen. Man kann sich diese Daten als "Erfahrung" vorstellen, die das KI-System sammelt, um besser zu werden.

Rechenpower: KI-Systeme erfordern erhebliche Rechenleistung. Das liegt daran, dass sie komplexe Berechnungen durchführen müssen, um Muster in den Daten zu identifizieren. Das ist einer der Gründe, warum moderne KI-Systeme oft auf leistungsstarken Computern oder spezialisierten Hardware-Chips laufen.

Eingabe und Ausgabe: KI-Systeme erhalten Eingabedaten, verarbeiten sie mithilfe der trainierten Algorithmen und geben dann eine Ausgabe aus. Die Eingabe kann in vielen Formen vorliegen, von Text über Bilder bis hin zu Sprache, und die Ausgabe kann je nach Anwendung variieren. Zum Beispiel kann die Ausgabe eines Bilderkennungs-Systems sein, dass es erkennt, was auf einem Bild zu sehen ist.

Funktionsweise von KI-Systemen

Datenvorverarbeitung: Bevor ein KI-System mit dem eigentlichen Lernen beginnen kann, ist oft eine Vorverarbeitung der Daten erforderlich. Dies kann das Bereinigen von Daten, das Skalieren von Werten oder das Extrahieren relevanter Merkmale umfassen. Die Qualität der Daten hat einen erheblichen Einfluss auf die Leistung des KI-Systems.

Training: Das Herzstück eines KI-Systems ist das Training. Hier werden die Algorithmen mit den vorhandenen Daten gefüttert, um Muster zu erkennen und "zu lernen". Dieser Prozess erfolgt iterativ und kann viel Zeit in Anspruch nehmen, insbesondere bei komplexen Aufgaben wie dem autonomen Fahren oder der medizinischen Diagnose.

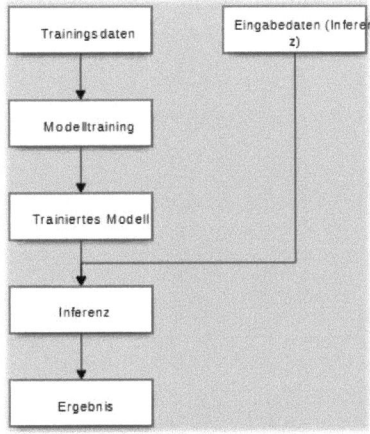

Eine schematische Darstellung des Trainings- und
Inferenzprozesses eines KI-Systems.

Inferenz: Nachdem das KI-System ausreichend trainiert wurde, kann es
auf neue, unbekannte Daten angewendet werden. Dieser Schritt wird als
Inferenz bezeichnet. Das KI-System nutzt sein erlerntes Wissen, um Vorhersagen oder Entscheidungen zu treffen.

Es ist wichtig zu betonen, dass KI-Systeme zwar erstaunliche Fähigkeiten haben können, aber sie sind nicht magisch. Sie basieren auf
Mathematik, Statistik und Datenverarbeitung. Ihr Erfolg hängt stark von
der Qualität der Daten und des Trainings ab.

In den nächsten Abschnitten werden wir uns genauer mit den Unter-
schieden zwischen schwacher und starker KI befassen, um ein besseres
Verständnis dafür zu entwickeln, was KI-Systeme wirklich können und was
nicht.

B. Unterschied zwischen schwacher und starker KI

In der Welt der Künstlichen Intelligenz (KI) gibt es zwei wichtige
Konzepte, die wir verstehen sollten: schwache KI (auch bekannt als
schmale KI oder künstliche schwache Intelligenz) und starke KI (auch als
künstliche starke Intelligenz bezeichnet). Diese beiden Begriffe be-

83

schreiben die Fähigkeiten von KI-Systemen und sind entscheidend, um die Bandbreite der Anwendungen und das Potenzial von Künstlicher Intelligenz zu verstehen.

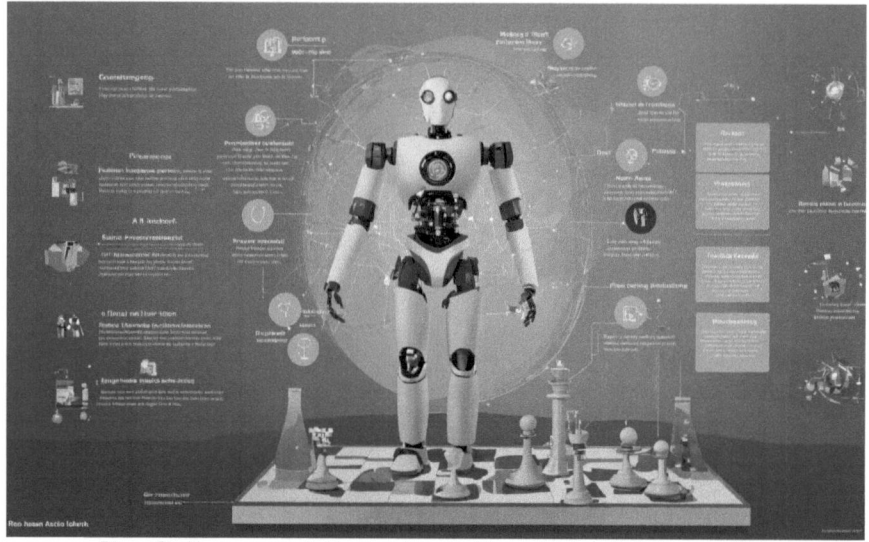

Diese Grafik veranschaulicht, wie schwache KI spezialisierte Aufgaben ausführt.

Schwache KI bezieht sich auf KI-Systeme, die darauf ausgelegt sind, spezialisierte Aufgaben oder Probleme zu lösen, ohne menschenähnliche Denkprozesse oder Bewusstsein zu haben. Diese Systeme sind in der Regel auf bestimmte Aufgaben oder Domänen beschränkt und können keine Aktivitäten außerhalb ihres festgelegten Bereichs ausführen. Ein gutes Beispiel für schwache KI sind Chatbots, die Fragen auf Websites beantworten, oder Gesichtserkennungssysteme in Kameras. Diese Systeme können bestimmte Aufgaben effizient erledigen, basieren jedoch auf vorprogrammierten Algorithmen oder maschinellem Lernen, um dies zu tun.

Diese Abbildung zeigt, wie starke KI menschenähnliche Denkprozesse und Bewusstsein nachahmt.

Starke KI hingegen beschreibt ein hypothetisches KI-System, das in der Lage ist, eine breite Palette von Aufgaben zu bewältigen, die normalerweise menschliche Intelligenz erfordern. Diese Art von KI hätte die Fähigkeit, zu lernen, sich selbst zu verbessern und menschenähnliches Denken und Bewusstsein zu entwickeln. Bis heute gibt es keine starke KI, und die Forschung in diesem Bereich ist äußerst komplex.

Der Hauptunterschied zwischen schwacher und starker KI liegt in der Reichweite und den Fähigkeiten der Systeme. Schwache KI-Systeme sind auf spezialisierte Aufgaben beschränkt, während starke KI-Systeme theoretisch in der Lage wären, jedes kognitive Problem zu lösen, das auch ein Mensch lösen kann.

In diesem Buch werden wir uns hauptsächlich auf schwache KI und deren praktische Anwendungen konzentrieren, da sie in der heutigen Welt weit verbreitet sind und einen erheblichen Einfluss auf verschiedene Bereiche haben. Die Entwicklung starker KI bleibt eine Herausforderung für die Zukunft und ist Gegenstand intensiver Forschung und Diskussion. Jetzt,

85

da wir den Unterschied zwischen diesen beiden Konzepten verstehen, werden wir in Kapitel III einen genaueren Blick auf die Grundlagen von KI-Systemen werfen, um zu verstehen, wie sie funktionieren.

Wiederholungsfragen zu Kapitel I bis III

Kapitel I: Einführung in Künstliche Intelligenz (KI)

Warum ist KI wichtig und welche Bedeutung hat sie? (Kapitel I.A)

A. Sie hat keine Bedeutung.

B. Sie wird in der Unterhaltungsindustrie eingesetzt.

C. Sie spielt eine zunehmend wichtige Rolle in verschiedenen Bereichen der Gesellschaft.

D. KI ist nur für Techniker relevant.

Kapitel II: Was ist Künstliche Intelligenz?

Wie kann Künstliche Intelligenz (KI) definiert werden? (Kapitel II.A)

A. KI bezieht sich auf die Intelligenz von Robotern.

B. KI ist die Nachbildung menschlicher Intelligenz in Computern.

C. KI bezieht sich auf die Erzeugung von künstlichen Pflanzen.

D. KI ist ein Begriff aus der Science-Fiction-Literatur.

Welcher Bereich wird im Kapitel "Geschichte und Entwicklung der KI" behandelt? (Kapitel II.B)

A. Die Geschichte der Raumfahrt.

B. Die Geschichte der Medizin.

C. Die Geschichte der KI-Forschung und ihre Entwicklung.

D. Die Geschichte der Elektronik.

Kapitel III: Die Grundlagen von KI-Systemen

Welches Thema wird im Kapitel "Aufbau und Funktionsweise von KI-Systemen" behandelt? (Kapitel III.A)

87

A. Die Geschichte der Künstlichen Intelligenz.

B. Die Bedeutung von KI in der Gesellschaft.

C. Wie KI-Systeme konstruiert sind und wie sie funktionieren.

D. Die Unterschiede zwischen schwacher und starker KI.

Was ist der Fokus des Kapitels "Unterschied zwischen schwacher und starker KI"? (Kapitel III.B)

A. Die Geschichte der Raumfahrt.

B. Die Entwicklung der Medizintechnik.

C. Die Unterschiede zwischen KI-Systemen und Robotern.

D. Die Unterscheidung zwischen KI-Systemen, die spezialisierte Aufgaben erfüllen, und solchen, die menschliche Intelligenz imitieren.

Antworten zu den Multiple-Choice Fragen

Kapitel I: Einführung in Künstliche Intelligenz (KI)

Warum ist KI wichtig und welche Bedeutung hat sie? (Kapitel I.A)

Antwort C. Sie spielt eine zunehmend wichtige Rolle in verschiedenen Bereichen der Gesellschaft.

Kapitel II: Was ist Künstliche Intelligenz?

Wie kann Künstliche Intelligenz (KI) definiert werden? (Kapitel II.A)

Antwort B. KI ist die Nachbildung menschlicher Intelligenz in Computern.

Welcher Bereich wird im Kapitel "Geschichte und Entwicklung der KI" behandelt? (Kapitel II.B)

Antwort C. Die Geschichte der KI-Forschung und ihre Entwicklung.

Kapitel III: Die Grundlagen von KI-Systemen

Welches Thema wird im Kapitel "Aufbau und Funktionsweise von KI-Systemen" behandelt? (Kapitel III.A)

Antwort C. Wie KI-Systeme konstruiert sind und wie sie funktionieren.

Was ist der Fokus des Kapitels "Unterschied zwischen schwacher und starker KI"? (Kapitel III.B)

Antwort D. Die Unterscheidung zwischen KI-Systemen, die spezialisierte Aufgaben erfüllen, und solchen, die menschliche Intelligenz imitieren.

IV. Machine Learning und Deep Learning

A. Grundlagen von Machine Learning

Machine Learning (ML) ist ein zentraler Bestandteil der Künstlichen Intelligenz (KI). Es ermöglicht Maschinen, aus Erfahrung zu lernen und Aufgaben zu erledigen, ohne spezifisch programmiert zu werden. In diesem Abschnitt werden wir die Grundlagen von Machine Learning in einer klaren und verständlichen Weise erkunden.

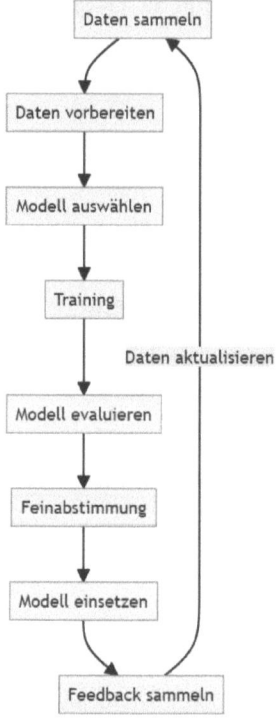

Eine einfache Visualisierung, die
den Prozess des Lernens in
Machine Learning darstellt.

Was ist Machine Learning?

Machine Learning ist eine Art von KI, die es Computern ermöglicht, aus Daten zu lernen und Vorhersagen oder Entscheidungen zu treffen, ohne explizit programmiert zu sein. Statt den Computer mit festen Regeln zu füttern, werden Algorithmen entwickelt, die Muster in den Daten erkennen und daraus Schlussfolgerungen ziehen können.

Arten von Machine Learning:

Es gibt verschiedene Arten von Machine Learning, aber wir werden uns auf die beiden Hauptkategorien konzentrieren:

Überwachtes Lernen (Supervised Learning): Hier werden Maschinen mit gelabelten Daten trainiert. Das bedeutet, dass die Daten mit korrekten Antworten (Labels) versehen sind. Zum Beispiel könnten Bilder von Hunden und Katzen mit den entsprechenden Labels "Hund" oder "Katze" versehen sein. Das Modell lernt, diese Muster zu erkennen und kann dann neue, unlabeled Daten klassifizieren.

Unüberwachtes Lernen (Unsupervised Learning): Im unüberwachten Lernen sind die Daten nicht gelabelt. Das Modell versucht, von selbst Muster oder Gruppierungen in den Daten zu erkennen. Ein häufiges Anwendungsbeispiel ist die Clusteranalyse, bei der ähnliche Datenpunkte in Gruppen zusammengefasst werden.

Beispielanwendungen:

Machine Learning findet Anwendung in vielen Bereichen. Hier sind einige Beispiele:

Spracherkennung: Maschinen können menschliche Sprache erkennen und in Text umwandeln, was für digitale Assistenten wie Siri oder Sprachübersetzungsdienste nützlich ist.

Bilderkennung: ML-Modelle können Bilder analysieren und erkennen, was auf ihnen zu sehen ist, was in der Medizin, Automobilindustrie und vielen anderen Bereichen eingesetzt wird.

Empfehlungssysteme: Plattformen wie Netflix verwenden ML, um personalisierte Filmtipps zu geben, basierend auf dem Nutzerverhalten.

Trainingsdaten und Evaluation:

Die Qualität der Trainingsdaten ist entscheidend für den Erfolg eines ML-Modells. Je mehr und qualitativ hochwertigere Daten vorhanden sind, desto besser kann das Modell lernen. Es ist auch wichtig, Modelle auf ihre Leistung zu testen, um sicherzustellen, dass sie genaue Vorhersagen treffen.

In den nächsten Abschnitten werden wir uns mit der Rolle von Deep Learning in der KI und praktischen Anwendungen von Machine Learning und Deep Learning befassen, um ein umfassendes Verständnis für diese spannenden Technologien zu entwickeln.

B. Die Rolle von Deep Learning in der KI

Deep Learning ist ein aufregender und entscheidender Zweig des Machine Learning, der in den letzten Jahren erhebliches Aufsehen erregt hat. In diesem Abschnitt werden wir uns mit der Rolle von Deep Learning in der Künstlichen Intelligenz (KI) befassen und versuchen, dieses komplexe Thema auf verständliche Weise zu erklären.

Deep Learning ist eine Unterkategorie des Machine Learning, die sich auf künstliche neuronale Netzwerke konzentriert, die tiefer und komplexer sind als herkömmliche Modelle. Diese Netzwerke werden so gestaltet, dass sie in der Lage sind, Muster in Daten auf mehreren Ebenen (oder "tiefen" Schichten) zu erkennen. Dies ermöglicht es ihnen, hochdimensionale Daten wie Bilder und Sprache äußerst präzise zu verarbeiten.

Die Grundlage des Deep Learning sind künstliche neuronale Netzwerke. Diese Netzwerke bestehen aus miteinander verbundenen "Neuronen," die Informationen verarbeiten und weitergeben. Jedes Neuron nimmt Eingaben, berechnet eine gewichtete Summe und wendet eine Aktivierungsfunktion an, um die Ausgabe zu erzeugen.

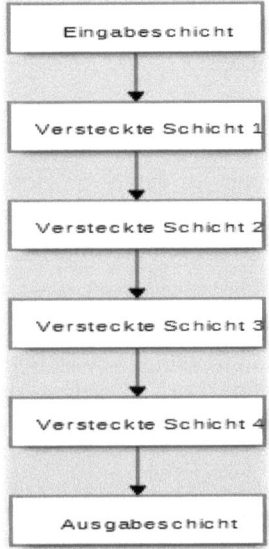

Darstellung eines künstlichen neuronalen Netzes für Deep
Learning, die mehrere Ebenen zeigt

Natürliche Sprachverarbeitung (NLP) ist ein gutes Beispiel, um zu verstehen, wie verschiedene Schichten in einem Deep Learning-Modell zusammenarbeiten. In einem typischen NLP-Modell gibt es mehrere Schichten, jede mit einer speziellen Aufgabe:

Eingabeschicht (Input Layer): Diese Schicht nimmt die Rohdaten auf, in diesem Fall einen Text in natürlicher Sprache. Jedes Neuron in dieser Schicht repräsentiert normalerweise ein Wort oder ein Token im Text.

Verdeckte Schichten (Hidden Layers): Hier findet die eigentliche Verarbeitung statt. Diese Schichten enthalten Neuronen, die miteinander verbunden sind und komplexe Berechnungen durchführen. Sie lernen, Muster in den Daten zu erkennen, wie zum Beispiel Wortkombinationen und -strukturen.

Ausgabeschicht (Output Layer): Diese Schicht gibt die Ergebnisse des Modells aus. In einem NLP-Modell könnte dies die Vorhersage sein,

93

welcher Textsatz in einer bestimmten Sprache geschrieben ist oder welche Wörter in einem Satz enthalten sind.

Hier ist ein einfaches Beispiel:

Angenommen, wir haben ein NLP-Modell, das trainiert wurde, verschiedene Sprachen zu erkennen. Es soll ausgeben, in welcher Sprache ein Textsatz geschrieben ist. Wenn wir den Satz "Bonjour, comment ça va?" als Eingabe geben (was auf Französisch "Hallo, wie geht es dir?" bedeutet), würde das Modell folgende Schritte durchführen:

• Die Eingabeschicht würde jedes Wort im Satz repräsentieren.

• Die verdeckten Schichten würden **Muster** in den Worten erkennen und Zusammenhänge zwischen ihnen analysieren, um schließlich festzustellen, dass es sich um Französisch handelt.

• Die Ausgabeschicht würde dann die Vorhersage "Französisch" ausgeben.

Die Aufgabe jeder Schicht besteht darin, Informationen bzw. Muster zu verarbeiten und die Zwischenergebnisse an die nächste Schicht weiterzugeben, um am Ende nach einer Gesamtbewertung eine sinnvolle Ausgabe zu generieren. Dies ist ein vereinfachtes Beispiel, aber es veranschaulicht, wie Schichten in einem Deep Learning-Modell zusammenarbeiten, um komplexe Aufgaben zu erledigen.

Anwendungen von Deep Learning:

Die Anwendungen von Deep Learning sind vielfältig und beeindruckend:

Bilderkennung: Deep Learning-Modelle können Objekte in Bildern erkennen, Gesichter identifizieren und sogar medizinische Bilder wie Röntgenaufnahmen analysieren.

Natürliche Sprachverarbeitung: Sie ermöglichen die Verarbeitung und Generierung von Text, was in Chatbots, Übersetzungssoftware und sogar bei der Erstellung von Nachrichtenberichten verwendet wird.

Selbstfahrende Autos: Deep Learning spielt eine entscheidende Rolle bei der Entwicklung von autonomen Fahrzeugen, da sie komplexe Straßenverhältnisse verstehen und darauf reagieren können.

Gesundheitswesen: Deep Learning hilft bei der Früherkennung von Krankheiten anhand von medizinischen Bildern und der Analyse von Patientendaten.

Herausforderungen und Training:

Obwohl Deep Learning viele Vorteile bietet, gibt es auch Herausforderungen. Diese Modelle benötigen oft große Mengen an Daten und leistungsstarke Hardware, um trainiert zu werden. Das Training kann zeitaufwendig sein und erfordert Fachkenntnisse.

Trotz dieser Herausforderungen hat Deep Learning die Welt der KI revolutioniert und ermöglicht beeindruckende Fortschritte in verschiedenen Branchen.

In den folgenden Abschnitten werden wir uns mit praktischen Anwendungen von Machine Learning und Deep Learning befassen, um zu zeigen, wie diese Technologien unsere täglichen Leben und unsere Zukunft beeinflussen.

C. Neuronales Netz

Ein künstliches neuronales Netz, oft auch als neuronales Netzwerk oder einfach "Neuronales Netz" bezeichnet, ist ein grundlegendes Konzept in der künstlichen Intelligenz und des maschinellen Lernens. Es handelt sich um eine mathematische Modellierung und Nachbildung des biologischen Gehirns, insbesondere des Nervensystems und seiner Neuronen.

Ein künstliches neuronales Netz besteht aus einer Sammlung von künstlichen Neuronen, die miteinander verbunden sind, um Informationen zu verarbeiten. Diese Neuronen sind in Schichten organisiert, typischerweise in drei Haupttypen:

Eingabeschicht: Diese Schicht empfängt die Eingabedaten, wie beispielsweise Bilder, Text oder numerische Werte. Jedes Neuron in dieser Schicht entspricht einem Merkmal oder einer Dimension der Eingabe.

Verborgene Schichten: Eine oder mehrere verborgene Schichten (auch als Zwischenschichten bezeichnet) sind zwischen der Eingabe- und Ausgabeschicht angeordnet. Jedes Neuron in den verborgenen Schichten nimmt Informationen von den vorherigen Schichten auf, verarbeitet sie mithilfe von Gewichtungen und Aktivierungsfunktionen und gibt sie an die nächsten Schichten weiter. Diese Schichten sind der Ort, an dem die eigentliche Verarbeitung und das Lernen stattfinden.

Ausgabeschicht: Die Ausgabeschicht gibt die Ergebnisse des neuronalen Netzes aus, die je nach Anwendung unterschiedlich sein können. Zum Beispiel kann es sich um Klassifikationsergebnisse (z.b., die Erkennung von Objekten in Bildern) oder kontinuierliche Werte (z.b., Vorhersage von Preisen) handeln.

Die Verbindungen zwischen den Neuronen werden als Gewichtungen bezeichnet, und sie beeinflussen, wie Informationen durch das Netzwerk fließen und verarbeitet werden. Während des Trainingsprozesses werden diese Gewichtungen angepasst, um das neuronale Netzwerk anhand von Beispieldaten zu optimieren.

Die Funktionsweise eines künstlichen neuronalen Netzes basiert auf der Verwendung von Aktivierungsfunktionen in jedem Neuron. Diese Funktionen bestimmen, ob ein Neuron aktiviert wird und Informationen an die nächste Schicht weitergibt, basierend auf den gewichteten Eingaben. Beliebte Aktivierungsfunktionen sind die Sigmoid-Funktion, die ReLU-Funktion (Rectified Linear Unit) und die Softmax-Funktion.

Künstliche neuronale Netze werden in einer Vielzahl von Anwendungen eingesetzt, darunter Bilderkennung, Sprachverarbeitung, maschinelles Übersetzen, Autonomes Fahren, medizinische Diagnose und vieles mehr. Sie haben dazu beigetragen, komplexe Aufgaben in vielen Bereichen der künstlichen Intelligenz zu lösen und sind ein Schlüsselwerkzeug im Bereich des maschinellen Lernens.

D. Praktische Anwendungen von Machine Learning und Deep Learning

In diesem Abschnitt werden wir uns damit beschäftigen, wie Machine Learning und Deep Learning in der realen Welt eingesetzt werden. Auch wenn Sie vielleicht noch nie von diesen Begriffen gehört haben, werden Sie überrascht sein, wie oft sie in unserem Alltag auftauchen.

1. Empfehlungssysteme in Online-Shops

Stellen Sie sich vor, Sie besuchen einen Online-Shop, um ein neues Buch zu kaufen. Das Empfehlungssystem schlägt Ihnen ähnliche Bücher basierend auf Ihren bisherigen Einkäufen und Ihrem Suchverlauf vor. Das geschieht mithilfe von Machine Learning. Es analysiert Ihre Präferenzen und schlägt Ihnen Produkte vor, die Ihren Interessen entsprechen. Dies verbessert nicht nur Ihr Einkaufserlebnis, sondern steigert auch die Umsätze für den Shop.

2. Sprachassistenten wie Siri und Alexa

Haben Sie schon einmal mit einem Sprachassistenten wie Siri, Alexa oder Google Assistant gesprochen? Diese künstlichen Intelligenzen verwenden Deep Learning, um Ihre Sprache zu verstehen und Ihnen bei Aufgaben wie der Wettervorhersage, Terminplanung oder dem Abspielen Ihrer Lieblingsmusik zu helfen. Sie lernen ständig dazu und werden besser darin, Ihre Bedürfnisse zu verstehen.

3. Gesichtserkennung in Smartphones

Moderne Smartphones verwenden Gesichtserkennung, um Ihr Telefon zu entsperren oder Fotos nach Personen zu sortieren. Diese Technologie basiert auf Deep Learning-Modellen, die Gesichter in Echtzeit erkennen können. Dadurch wird Ihr Gerät sicherer und benutzerfreundlicher.

4. Betrugserkennung im Bankwesen

Banken setzen Machine Learning-Algorithmen ein, um verdächtige Transaktionen zu erkennen und Betrug zu verhindern. Diese Systeme analysieren Ihr Transaktionsverhalten und können ungewöhnliche Aktivitäten identifizieren, die auf Betrug hinweisen könnten. Das schützt nicht nur Ihr Geld, sondern auch das Vermögen anderer Menschen.

5. Medizinische Diagnose

Machine Learning und Deep Learning werden auch in der Medizin eingesetzt. Ärzte können mithilfe von Bilderkennung und Patientendaten genauere Diagnosen stellen. Dies führt zu einer besseren Gesundheitsversorgung und einer höheren Genauigkeit bei der Erkennung von Krankheiten.

6. Autonome Fahrzeuge

Selbstfahrende Autos sind ein aufregendes Beispiel dafür, wie Deep Learning die Welt verändert. Diese Fahrzeuge verwenden Sensoren und Kameras, um die Straße und andere Fahrzeuge zu erkennen. Sie treffen Entscheidungen in Echtzeit, um sicher zu fahren. Dies könnte die Zukunft des Verkehrs revolutionieren und Unfälle reduzieren.

Diese Beispiele zeigen, wie Machine Learning und Deep Learning unsere Welt auf vielfältige Weise beeinflussen. Sie machen unser Leben einfacher, sicherer und effizienter. Und das Beste ist, Sie müssen kein Experte sein, um von diesen Technologien zu profitieren. In den kommenden Kapiteln werden wir noch tiefer in die Welt der künstlichen Intelligenz eintauchen und Ihnen zeigen, wie Sie mehr darüber erfahren können.

V. Künstliche Intelligenz im Alltag

A. Bereits integrierte KI-Anwendungen in verschiedenen Branchen

Künstliche Intelligenz ist längst nicht mehr auf den Bereich der Science-Fiction beschränkt. Heutzutage ist KI in vielen Bereichen unseres Alltags präsent und hat weitreichende Auswirkungen auf die Art und Weise, wie wir leben und arbeiten. In diesem Abschnitt werden wir einige Beispiele für KI-Anwendungen in verschiedenen Branchen beleuchten, um Ihnen einen Einblick in die Vielseitigkeit dieser Technologie zu geben.

KI in unseren Smartphones und Computern

Die meisten von uns besitzen heute ein Smartphone, das mit einer Vielzahl von KI-Funktionen ausgestattet ist. Diese Geräte können unsere Sprache verstehen, Gesichter erkennen und sogar unsere Gewohnheiten lernen. Denken Sie nur an Sprachassistenten wie Siri oder Google Assistant, die auf unsere Fragen antworten und Aufgaben ausführen können. Diese Technologie basiert auf maschinellem Lernen und ist ein beeindruckendes Beispiel dafür, wie KI in unseren Alltag integriert ist.

KI in der Gesundheitsversorgung

Ein weiterer Bereich, in dem KI große Fortschritte gemacht hat, ist die Gesundheitsversorgung. Moderne medizinische Bildgebungssysteme nutzen KI-Algorithmen, um Krankheiten auf Röntgenaufnahmen und MRT-Scans zu erkennen. Ärzte können genauer und schneller Diagnosen stellen. Selbstverständlich erfolgt dies immer unter Aufsicht von Fachleuten, aber die KI unterstützt sie bei ihrer Arbeit. Darüber hinaus können Chatbots mit KI-Technologie Gesundheitsdienstleistungen rund um die Uhr zur Verfügung stellen und Patienten bei der Diagnose und Verwaltung von Krankheiten unterstützen.

KI im Verkehr

Auch im Verkehrssektor spielt KI eine entscheidende Rolle. Selbstfahrende Autos verwenden komplexe KI-Systeme, um die Umgebung zu erkennen und sich sicher auf den Straßen zu bewegen. Diese Technologie verspricht nicht nur mehr Komfort, sondern auch eine potenzielle Verringerung von Verkehrsunfällen.

Ein autonomes Fahrzeug mit Sensoren und Kameras mit denen es seine Umgebung wahrnimmt.

KI im Finanzwesen

Im Finanzwesen wird KI für die Analyse von riesigen Datenmengen eingesetzt, um Finanzmärkte zu prognostizieren und Risiken zu minimieren. Banken nutzen KI auch zur Erkennung von Betrug und zur Automatisierung von Transaktionen. Kreditkartenunternehmen setzen KI-Algorithmen ein, um verdächtige Transaktionen zu identifizieren und Kunden vor unbefugter Nutzung ihrer Karten zu schützen.

KI in der Bildung

In der Bildungsbranche unterstützt KI die personalisierte Bildung. Lehrer können KI-gestützte Lernplattformen nutzen, um den Fortschritt ihrer Schüler besser zu verfolgen und individualisierte Lernpfade zu erstellen. Chatbots können auch als Tutorien dienen und Schülern bei Hausaufgaben und Fragen helfen.

KI im Einzelhandel

Im Einzelhandel wird KI für die Optimierung von Lagerbeständen und die Personalisierung von Marketingkampagnen verwendet. Online-Shops verwenden Empfehlungsalgorithmen, um Kunden Produkte vorzuschlagen, die zu ihren Interessen passen. Dies trägt dazu bei, den Umsatz zu steigern und die Kundenzufriedenheit zu erhöhen.

KI in der Landwirtschaft

In der Landwirtschaft kann KI genutzt werden, um Pflanzenkrankheiten frühzeitig zu erkennen und die Ernteerträge zu optimieren. Drohnen mit KI-Funktionen können Felder überwachen und Landwirten wichtige Informationen zur Verfügung stellen, um ihre Entscheidungsfindung zu verbessern.

KI in der Unterhaltungsindustrie

Vielleicht haben Sie bemerkt, dass Streaming-Plattformen wie Netflix oder Spotify Ihnen basierend auf Ihren Vorlieben personalisierte Empfehlungen geben. Das ist auch ein Ergebnis von KI. Diese Plattformen analysieren Ihr Verhalten und verwenden Algorithmen, um Ihnen Inhalte vorzuschlagen, die Sie wahrscheinlich interessieren. Auch die Erstellung von CGI-Effekten und die Animation von Charakteren in Filmen und Videospielen profitieren von KI-Technologien.

Diese Beispiele verdeutlichen, wie Künstliche Intelligenz in verschiedenen Branchen bereits eingesetzt wird und wie sie unser tägliches Leben beeinflusst. Egal, ob es um Gesundheit, Finanzen, Bildung, Transport, Einzelhandel, Landwirtschaft oder Unterhaltung geht, die Anwendungen von KI sind vielfältig und vielversprechend. In den kommenden Jahren wird die Bedeutung von Künstlicher Intelligenz voraussichtlich weiter zunehmen und immer mehr Bereiche unseres Lebens transformieren.

VI. Herausforderungen und Ethik in der KI

A. Herausforderungen und Beschränkungen von KI

Obwohl Künstliche Intelligenz immense Fortschritte gemacht hat, gibt es immer noch eine Reihe von Herausforderungen und Beschränkungen, die es zu berücksichtigen gilt. Diese Aspekte werfen ein Licht auf die Komplexität der Technologie und die Notwendigkeit, sie verantwortungsbewusst zu nutzen.

1. Begrenzte Intelligenz

Künstliche Intelligenz, wie wir sie heute kennen, ist eher begrenzt und auf bestimmte Aufgaben oder Domänen spezialisiert. Sie kann spektakuläre Leistungen in der Bilderkennung, Sprachverarbeitung oder Datenauswertung erbringen, aber sie verfügt nicht über die allgemeine Intelligenz und das ganzheitliche Verständnis, die ein Mensch hat. Dies bedeutet, dass KI-Systeme in der Regel nicht in der Lage sind, kontextuell zu denken oder menschliche Intuition aufzubringen.

2. Datenabhängigkeit

KI-Systeme sind stark von den Daten abhängig, mit denen sie trainiert werden. Wenn diese Daten verzerrt oder unvollständig sind, können KI-Modelle voreingenommene oder fehlerhafte Ergebnisse liefern. Dies kann zu ethischen Problemen führen, wenn beispielsweise Vorurteile aus den Trainingsdaten in Entscheidungen einfließen.

3. Datenschutz und Sicherheit

Die Verwendung großer Mengen sensibler Daten zur Verbesserung von KI-Systemen wirft erhebliche Fragen hinsichtlich Datenschutz und Sicherheit auf. Es ist wichtig sicherzustellen, dass persönliche Informationen angemessen geschützt sind und nicht missbräuchlich verwendet werden.

4. Arbeitsplatzveränderungen

Die Automatisierung durch KI kann dazu führen, dass einige Arbeitsplätze obsolet werden, insbesondere in Bereichen, in denen repetitive Aufgaben ausgeführt werden. Dies stellt eine Herausforderung für die

Arbeitswelt dar und erfordert Umschulung und Anpassungsfähigkeit der Arbeitskräfte.

5. Ethik und Verantwortung

Die ethische Verantwortung bei der Entwicklung und Anwendung von KI ist von entscheidender Bedeutung. Fragen zur Verwendung von KI in Bereichen wie autonomes Fahren, Gesundheitswesen und Justiz müssen sorgfältig abgewogen werden, um potenzielle Risiken und Auswirkungen auf die Gesellschaft zu minimieren.

6. Transparenz und Erklärbarkeit

Die meisten KI-Algorithmen sind "schwarze Kisten", das bedeutet, sie liefern Ergebnisse, ohne den Prozess, der zu diesen Ergebnissen führt, klar zu erklären. Dies kann ein Problem sein, wenn Entscheidungen nachvollziehbar und erklärbar sein müssen, wie beispielsweise im juristischen Kontext.

7. Regulierung und Standards

Die KI-Industrie steht vor der Herausforderung, angemessene Regulierungsrahmen und Standards zu entwickeln, um sicherzustellen, dass KI sicher und ethisch eingesetzt wird. Dies ist ein komplexes Unterfangen, das die Zusammenarbeit von Regierungen, Unternehmen und der Gesellschaft erfordert.

Trotz dieser Herausforderungen bietet Künstliche Intelligenz auch erhebliche Chancen für Innovation und Fortschritt. Es liegt an uns, diese Technologie verantwortungsbewusst zu nutzen und die oben genannten Beschränkungen zu überwinden, um eine bessere Zukunft zu gestalten, in der KI dazu beiträgt, menschliche Probleme zu lösen und unser Leben zu verbessern. Im nächsten Abschnitt werden wir uns mit den ethischen Fragen und Datenschutzaspekten im Zusammenhang mit KI befassen.

B. Ethik und Datenschutz im Zusammenhang mit KI

Die Entwicklung und Verbreitung von Künstlicher Intelligenz (KI) wirft wichtige ethische und Datenschutzfragen auf, die wir sorgfältig betrachten müssen. In diesem Abschnitt werden wir diese Aspekte genauer beleuchten, um ein besseres Verständnis für die Verantwortung im Umgang mit KI zu entwickeln.

1. Ethik in der KI

Ethik bezieht sich auf die moralischen Prinzipien und Werte, die unser Verhalten und unsere Entscheidungen leiten. In der KI geht es darum, sicherzustellen, dass KI-Systeme in Übereinstimmung mit ethischen Grundsätzen entwickelt, angewendet und betrieben werden. Hier sind einige wichtige ethische Überlegungen:

- **Voreingenommenheit und Diskriminierung:** KI-Systeme können Vorurteile aus den Trainingsdaten übernehmen, was zu diskriminierenden oder ungerechten Entscheidungen führen kann. Es ist wichtig, diese Vorurteile zu erkennen und zu minimieren.

- **Transparenz und Erklärbarkeit:** KI-Systeme sollten transparent sein und Entscheidungen auf verständliche Weise erklären können, insbesondere in sensiblen Bereichen wie Gesundheitswesen und Recht.

- **Privatsphäre:** Die Verwendung von KI kann Datenschutzprobleme aufwerfen, da sie große Mengen an persönlichen Informationen verarbeiten kann. Datenschutzbestimmungen und Sicherheitsmaßnahmen sind entscheidend.

- **Verantwortung:** Entwickler und Betreiber von KI-Systemen tragen die Verantwortung für deren Auswirkungen auf die Gesellschaft. Sie sollten sicherstellen, dass KI-Systeme sicher und ethisch eingesetzt werden.

2. Datenschutz und Sicherheit

Datenschutz und Sicherheit sind eng mit der Nutzung von KI verbunden. Hier sind einige wichtige Datenschutzaspekte:

- **Datensicherheit:** Die Speicherung und Übertragung von Daten, die von KI-Systemen verwendet werden, müssen sicher sein, um unbefugten Zugriff und Datenlecks zu verhindern.

- **Datenschutzbestimmungen:** Es ist wichtig sicherzustellen, dass KI-Systeme den geltenden Datenschutzbestimmungen entsprechen, um die Privatsphäre der Benutzer zu schützen.

- **Datenaufbewahrung und Löschung:** Unternehmen und Organisationen sollten klare Richtlinien für die Aufbewahrung und Löschung von Daten entwickeln, um sicherzustellen, dass Daten nicht unnötig gespeichert werden.

- **Zustimmung und Transparenz:** Benutzer sollten darüber informiert werden, wie ihre Daten von KI-Systemen verwendet werden, und sie sollten die Möglichkeit haben, der Datenerfassung zuzustimmen oder sie abzulehnen.

3. Gesellschaftliche Auswirkungen

Die Verwendung von KI kann erhebliche Auswirkungen auf die Gesellschaft haben, von der Automatisierung von Arbeitsplätzen bis zur Veränderung der Art und Weise, wie wir kommunizieren und Informationen erhalten. Es ist wichtig, diese Auswirkungen zu verstehen und Maßnahmen zu ergreifen, um mögliche negative Konsequenzen zu minimieren.

Insgesamt ist Ethik und Datenschutz im Zusammenhang mit KI von entscheidender Bedeutung, um sicherzustellen, dass diese Technologie zum Wohl der Gesellschaft eingesetzt wird. Die Entwicklung von klaren ethischen Leitlinien und Datenschutzstandards sowie die regelmäßige Überprüfung und Aktualisierung dieser Richtlinien sind Schritte in die richtige Richtung, um sicherzustellen, dass KI eine positive Kraft für die Zukunft bleibt. Im nächsten Abschnitt werden wir uns mit der Programmierung von KI-Systemen befassen, und wie angehende KI-Entwickler diese verantwortungsvoll gestalten können.

VII. Einführung in die KI-Nutzung und KI-Programmierung

A. Allgemeine Nutzung des KI-Chatbots ChatGPT

In der sich schnell entwickelnden Welt der Künstlichen Intelligenz (KI) hat der Chatbot ChatGPT als beispielhaftes Modell für Sprachverarbeitung und Benutzerinteraktion an Popularität gewonnen. Entwickelt von OpenAI, basiert ChatGPT auf einer fortschrittlichen Variante des GPT (Generative Pretrained Transformer) Modells und repräsentiert einen signifikanten Fortschritt in der natürlichen Sprachverarbeitung (NLP). In diesem Kapitel werden wir die Grundlagen von ChatGPT erkunden, einschließlich seiner Funktionsweise, Anwendungen und wie man es effektiv in verschiedenen Szenarien einsetzen kann.

Was ist ChatGPT?

ChatGPT ist ein auf KI basierender Chatbot, der für seine Fähigkeit bekannt ist, menschenähnliche Konversationen zu führen. Das Herzstück von ChatGPT ist ein Sprachmodell, das durch das Training an einer riesigen Datenmenge von Texten aus dem Internet gelernt hat. Diese Daten ermöglichen es ChatGPT, auf eine breite Palette von Themen zu antworten, von allgemeinen Informationen über wissenschaftliche Erkenntnisse bis hin zu kreativen Schreibweisen.

Funktionsweise von ChatGPT

Die Grundlage von ChatGPT ist das maschinelle Lernmodell GPT, das auf der Transformer-Architektur basiert. Diese Architektur ermöglicht es dem Modell, große Mengen an Text zu verarbeiten und zu verstehen, indem es Muster und Zusammenhänge in der Sprache erkennt. ChatGPT ist so trainiert, dass es nicht nur auf direkte Anfragen reagieren, sondern auch den Kontext einer Konversation über mehrere Nachrichten hinweg beibehalten kann.

106

Anwendungsmöglichkeiten

1. **Kundenservice**: ChatGPT kann in der Kundenbetreuung eingesetzt werden, um Anfragen zu beantworten, Informationen zu liefern und Hilfe anzubieten. Es kann rund um die Uhr ohne Pausen oder Verzögerungen arbeiten, was die Effizienz und Kundenzufriedenheit steigert.

2. **Bildung und Training**: Der Chatbot kann als Lernassistent fungieren, der Studenten bei der Beantwortung von Fragen hilft, Lerninhalte erläutert und bei der Vorbereitung auf Prüfungen unterstützt.

3. **Unterhaltung**: ChatGPT kann in Unterhaltungsanwendungen genutzt werden, um personalisierte Geschichten zu erzählen, Rätsel zu lösen oder als interaktiver Charakter in Spielen zu agieren.

4. **Forschung und Datenanalyse**: Forscher können ChatGPT nutzen, um schnell Informationen zu sammeln, Daten zu analysieren und Hypothesen zu formulieren.

5. **Geschäftsanwendungen**: Von der Automatisierung von Geschäftsprozessen bis hin zur Generierung von Inhalten für Marketingzwecke kann ChatGPT eine Vielzahl von Aufgaben in Unternehmen übernehmen.

Best Practices für die Nutzung von ChatGPT

- **Klare Anfragen stellen**: Um präzise und relevante Antworten zu erhalten, sollten die Anfragen an ChatGPT klar und eindeutig formuliert werden.

- **Kontext beibehalten**: ChatGPT kann den Kontext über mehrere Nachrichten hinweg behalten, was für fortlaufende Konversationen nützlich ist.

- **Ethik und Sicherheit beachten**: Es ist wichtig, ethische Richtlinien zu beachten und sicherzustellen, dass sensible Informationen geschützt werden.

- **Feedback geben**: Wie bei jedem KI-System ist das Feedback der Nutzer entscheidend für die kontinuierliche Verbesserung der Leistung und Genauigkeit.

Fazit

ChatGPT ist ein vielseitiges und leistungsfähiges Werkzeug, das die Art und Weise, wie wir mit Maschinen interagieren, verändert. Von der Automatisierung des Kundenservice bis hin zur Unterstützung bei Bildungsaktivitäten bietet es eine Fülle von Möglichkeiten, die Effizienz zu steigern und neue Erfahrungen zu schaffen. Die Nutzung von ChatGPT erfordert jedoch ein Verständnis seiner Fähigkeiten und Grenzen, und es ist wichtig, es verantwortungsvoll und ethisch zu nutzen.

B. Schritt-für-Schritt-Anleitung zur Nutzung von ChatGPT

ChatGPT ist ein fortschrittlicher KI-basierter Chatbot, der in der Lage ist, auf eine Vielzahl von Anfragen mit menschenähnlichen Antworten zu reagieren. Diese Anleitung führt Sie durch die grundlegenden Schritte zur Nutzung von ChatGPT, einschließlich der Formulierung eines effektiven Prompts und des Verständnisses der zu erwartenden Ergebnisse.

Schritt 1: Zugang zu ChatGPT erhalten

Bevor Sie mit ChatGPT interagieren können, müssen Sie Zugang zu der Plattform erhalten, auf der es betrieben wird. Dies könnte eine Website, eine mobile App oder eine andere digitale Schnittstelle sein. Melden Sie sich bei Bedarf an oder erstellen Sie ein Benutzerkonto.

Schritt 2: Verstehen, was ChatGPT tun kann

ChatGPT ist in der Lage, eine breite Palette von Fragen zu beantworten, kreative Texte zu generieren, einfache Aufgaben durchzuführen und auf Anfragen in einem Gesprächsformat zu reagieren. Es ist wichtig zu verstehen, dass ChatGPT auf den Informationen basiert, die es während des Trainings erhalten hat, und dass es Einschränkungen in Bezug auf aktuelle Ereignisse oder sehr spezifische, nischenspezifische Anfragen geben kann.

Schritt 3: Formulieren Sie Ihren Prompt

Ein Prompt ist eine Anfrage oder Anleitung, die Sie an ChatGPT senden. Formulieren Sie Ihren Prompt klar und präzise. Wenn Sie beispielsweise Informationen zu einem bestimmten Thema wünschen, seien Sie spezifisch in Ihrer Anfrage.

Beispiel für einen Prompt:

"Erkläre mir bitte die Grundlagen der Photosynthese in einer einfachen und verständlichen Weise."

Schritt 4: Senden Sie Ihren Prompt

Geben Sie Ihren Prompt in das dafür vorgesehene Textfeld ein und senden Sie ihn ab. ChatGPT wird Ihre Anfrage verarbeiten und eine Antwort generieren.

Schritt 5: Bewertung des Ergebnisses

Nachdem Sie Ihre Antwort erhalten haben, bewerten Sie sie auf ihre Relevanz und Genauigkeit. ChatGPT ist in der Regel ziemlich genau, aber es ist immer eine gute Idee, die bereitgestellten Informationen zu überprüfen, besonders wenn sie für wichtige Entscheidungen verwendet werden.

Schritt 6: Iteratives Lernen

Wenn die Antwort nicht ganz Ihren Erwartungen entspricht, können Sie Ihre Frage neu formulieren oder präzisieren und erneut senden. Dieser iterative Prozess hilft Ihnen, effektiver mit ChatGPT zu kommunizieren.

Beispiel für das erwartete Ergebnis

Ihr Prompt: "Erkläre mir bitte die Grundlagen der Photosynthese in einer einfachen und verständlichen Weise."

Erwartete Antwort von ChatGPT:

"Die Photosynthese ist ein Prozess, bei dem Pflanzen, Algen und einige Bakterien Sonnenlicht nutzen, um Nahrung zu erzeugen. Sie nehmen Kohlendioxid aus der Luft und Wasser aus dem Boden auf und wandeln diese mithilfe des Sonnenlichts in Glukose, eine Art Zucker, um. Dieser Vorgang setzt auch Sauerstoff frei, den wir zum Atmen benötigen. Vereinfacht ausgedrückt, nutzt die Photosynthese das Sonnenlicht, um aus Wasser und Kohlendioxid Nahrung und Sauerstoff zu erzeugen."

Ein komplettes Dialog-Beispiel mit ChatGPT

> erkläre für einen Anfänger, was ChatGPT ist

ChatGPT ist ein "Chatbot", also eine Software, die entwickelt wurde, um mit Menschen wie mit einem Gesprächspartner zu interagieren und Gespräche in natürlicher Sprache zu führen. Als ein Teil der Künstliche Intelligenz-Technologie, wurde ChatGPT von OpenAI entwickelt und trainiert, um Antworten auf eine breite Palette von Fragen zu geben und verschiedene Gesprächsthemen zu behandeln. Es kann in verschiedenen Anwendungen eingesetzt werden, wie z.B. Kundenservice, Unterstützung bei der Suche nach Informationen oder einfach nur als Gesprächspartner. ChatGPT nutzt fortschrittliche Algorithmen und maschinelles Lernen, um kontextbezogene Antworten auf Fragen zu geben und immer besser zu werden, je mehr es verwendet wird.

> erkläre für ein Kind, was ChatGPT ist

ChatGPT ist ein freundlicher Computerfreund, mit dem du sprechen und Fragen stellen kannst. Wie ein virtueller Gesprächspartner, kann ChatGPT Antworten auf viele verschiedene Fragen geben und über verschiedene Themen sprechen. Du kannst es fragen, wie das Wetter wird, was es gerne isst, oder wie man ein bestimmtes Spiel spielt. ChatGPT verwendet magische Computerkräfte namens "künstliche Intelligenz", um immer schlauer zu werden und bessere Antworten zu geben. ChatGPT ist wie ein virtuelles Haustier, das dir immer zuhört und dir immer helfen möchte, wenn du Fragen hast.

> erkläre für eine Katze, was ChatGPT ist

ChatGPT ist etwas, das du nicht unbedingt verstehen musst, liebe Katze. Aber du kannst es dir so vorstellen: ChatGPT ist wie ein menschlicher Diener, der auf einem seltsamen flachen Kasten lebt und darauf wartet, dass Menschen ihm Fragen stellen. Der Kasten kann sprechen und schreiben, und wenn Menschen ihm Fragen stellen, kann er sehr kluge Antworten geben. Manchmal benutzen Menschen ChatGPT, um mit ihm zu reden, wenn sie eine Antwort auf etwas brauchen, oder einfach um zu plaudern. Aber für dich, liebe Katze, ist es wahrscheinlich nur ein weiteres seltsames menschliches Gerät, das du ignorieren oder neugierig beobachten kannst.

111

Schlussfolgerung

Die Nutzung von ChatGPT kann für Einsteiger sehr einfach sein, wenn man die Grundlagen versteht und klare, präzise Prompts formuliert. Mit der Zeit wird die Interaktion mit ChatGPT immer intuitiver und effektiver, was es zu einem wertvollen Werkzeug für Informationssuche, Lernen und kreative Aufgaben macht.

B. Grundlagen der Programmierung von KI-Systemen

In diesem Abschnitt werden wir uns mit den Grundlagen der Programmierung von Künstlicher Intelligenz (KI) beschäftigen. Sie müssen kein erfahrener Entwickler sein, um die Konzepte zu verstehen. Wir werden die wichtigsten Schritte und Prinzipien beleuchten, die hinter der Erstellung von KI-Systemen stehen.

1. Datensammlung und -vorverarbeitung

Die Grundlage für die meisten KI-Systeme ist die Verwendung von Daten. KI-Modelle werden trainiert, um Muster in Daten zu erkennen und Vorhersagen zu treffen. Daher ist der erste Schritt die Sammlung relevanter Daten. Dies kann strukturierte oder unstrukturierte Daten aus verschiedenen Quellen wie Sensoren, Texten oder Bildern umfassen.

Nach der Datensammlung ist die Datenvorverarbeitung entscheidend. Dies umfasst das Bereinigen, Normalisieren und Transformieren von Daten, um sicherzustellen, dass sie für das Training eines KI-Modells geeignet sind. Fehlerhafte oder unvollständige Daten können die Leistung des Modells erheblich beeinträchtigen.

2. Auswahl des KI-Algorithmus

Es gibt verschiedene Arten von KI-Algorithmen, je nachdem, welche Art von Problem gelöst werden soll. Für diejenigen, die gerade erst anfangen, sind Machine Learning-Algorithmen oft der beste Ausgangspunkt. Diese Algorithmen können auf historischen Daten trainiert werden, um Muster zu erkennen und Vorhersagen zu treffen.

Die Wahl des richtigen Algorithmus hängt von der Art der Daten und dem Problem ab, das Sie lösen möchten. Zum Beispiel eignen sich lineare Regression und Entscheidungsbäume gut für Vorhersagen, während neuronale Netzwerke für komplexe Aufgaben wie Bilderkennung geeignet sind.

3. Training des KI-Modells

Das Training eines KI-Modells besteht darin, den Algorithmus auf den bereinigten Daten zu "lehren". Das Modell passt seine internen Gewichtungen und Parameter an, um die besten Vorhersagen zu treffen. Dies erfordert in der Regel viel Rechenleistung und kann einige Zeit in Anspruch nehmen.

Es ist wichtig zu verstehen, dass das Modell während des Trainings lernt, Muster in den Daten zu erkennen und nicht "versteht" wie ein Mensch. Es ist im Wesentlichen eine mathematische Funktion, die auf Eingabedaten angewendet wird, um Ausgaben zu erzeugen.

4. Bewertung und Optimierung

Nach dem Training müssen Sie Ihr Modell bewerten, um sicherzustellen, dass es gute Vorhersagen trifft. Dies erfolgt oft durch die Verwendung von Testdaten, die nicht im Trainingsprozess verwendet wurden. Sie vergleichen die Vorhersagen Ihres Modells mit den tatsächlichen Ergebnissen und passen gegebenenfalls die Modellparameter an, um die Leistung zu verbessern.

5. Bereitstellung und Integration

Sobald Ihr KI-Modell gut funktioniert, können Sie es in Ihre Anwendung oder Ihr System integrieren. Dies kann bedeuten, dass Sie APIs (Programmierschnittstellen) verwenden oder das Modell in bestehenden Code einbetten. Die Bereitstellung von KI-Systemen erfordert auch eine sorgfältige Überwachung, um sicherzustellen, dass sie weiterhin gute Ergebnisse liefern.

Das sind die grundlegenden Schritte bei der Programmierung von KI-Systemen. Es ist wichtig zu beachten, dass KI-Programmierung eine sich ständig weiterentwickelnde Disziplin ist, und es gibt viele Ressourcen und Tools, die Ihnen dabei helfen können. In Abschnitt B werden wir uns einige dieser Tools und Ressourcen genauer ansehen, um Ihnen den Einstieg in die KI-Programmierung zu erleichtern.

C. Tools und Ressourcen für angehende KI-Entwickler

Wenn Sie sich für die Programmierung von Künstlicher Intelligenz (KI) interessieren, stehen Ihnen viele hilfreiche Tools und Ressourcen zur Verfügung, die Ihnen den Einstieg erleichtern. Hier sind einige, die besonders nützlich sein können, wenn Sie gerade erst anfangen:

1. **Programmiersprachen:**

- **Python:** Python ist eine der am häufigsten verwendeten Programmiersprachen für KI-Entwicklung. Sie zeichnet sich durch ihre Einfachheit und Lesbarkeit aus und verfügt über eine große Community, die eine Fülle von Ressourcen bietet.

- **R:** R ist eine weitere Programmiersprache, die häufig in der Statistik und Datenanalyse verwendet wird. Sie eignet sich gut für statistische Modelle und Datenvisualisierung.

2. **Frameworks und Bibliotheken:**

- **TensorFlow:** TensorFlow ist ein Open-Source-Framework von Google, das hauptsächlich für Deep Learning-Anwendungen verwendet wird. Es bietet umfangreiche Unterstützung für neuronale Netzwerke und Deep Learning-Modelle.

- **PyTorch:** PyTorch ist ein weiteres beliebtes Deep Learning-Framework, das von Facebook entwickelt wurde. Es zeichnet sich durch seine Benutzerfreundlichkeit und Flexibilität aus.

- **scikit-learn:** Dies ist eine Bibliothek für Machine Learning in Python, die eine breite Palette von Algorithmen für Aufgaben wie Klassifikation, Regression, Clustering und mehr bietet.

3. **Online-Kurse und Tutorials:**

- **Coursera:** Auf Coursera finden Sie eine Vielzahl von Kursen zur KI-Programmierung von Universitäten und Experten. Einige Kurse bieten Zertifikate oder Abschlüsse an.

- **edX:** edX bietet ähnlich wie Coursera eine große Auswahl an Online-Kursen zur KI. Sie können viele Kurse kostenlos auditieren oder Zertifikate erwerben.

- **YouTube:** Auf YouTube gibt es zahlreiche Tutorials und Vorlesungen zur KI-Programmierung. Diese Videos können eine großartige kostenlose Ressource sein.

4. Bücher und Lehrmaterialien:

- **"Python for Data Science Handbook" von Jake VanderPlas:** Dieses Buch ist eine ausgezeichnete Ressource für Python und Data Science, was eine wichtige Grundlage für KI-Entwicklung ist.

- **"Deep Learning" von Ian Goodfellow und Yoshua Bengio:** Dieses Buch bietet eine tiefgehende Einführung in Deep Learning und ist eine hervorragende Ressource für fortgeschrittene KI-Entwickler.

5. Online-Plattformen für Praxisprojekte:

- **Kaggle:** Kaggle ist eine Plattform, auf der Sie an Wettbewerben teilnehmen und echte Datensätze verwenden können, um KI-Modelle zu entwickeln und zu verbessern.

- **GitHub:** GitHub ist eine Plattform für die Versionskontrolle und gemeinsame Arbeit an KI-Projekten. Sie können auch viele Open-Source-KI-Projekte finden und beitragen.

Es ist wichtig zu betonen, dass Sie nicht alle diese Ressourcen auf einmal nutzen müssen. Je nach Ihren Interessen und Zielen können Sie auswählen, welche Werkzeuge und Materialien am besten zu Ihnen passen. Beginnen Sie langsam, indem Sie die Grundlagen erlernen, und bauen Sie von dort aus Ihr Wissen und Ihre Fähigkeiten in der KI-Programmierung auf. Mit der Zeit und der Praxis werden Sie feststellen, dass Sie in der Lage sind, faszinierende KI-Systeme zu entwickeln und zur Lösung realer Probleme beizutragen.

VIII. Zukunftsaussichten und Trends in der KI

A. Die zukünftige Entwicklung von KI-Technologien

Die Welt der Künstlichen Intelligenz (KI) entwickelt sich rasant weiter und bietet eine aufregende Aussicht auf die Zukunft. Hier sind einige der wichtigsten Trends und Entwicklungen, auf die wir in den kommenden Jahren gespannt sein können:

1. Fortschritte im Deep Learning: Deep Learning, eine Technik, die von neuronalen Netzwerken angetrieben wird, wird weiterhin einen großen Einfluss auf die KI haben. Fortschritte in den Bereichen Architekturen, Algorithmen und Hardware werden die Fähigkeiten von KI-Systemen erweitern, insbesondere in den Bereichen Bilderkennung, natürliche Sprachverarbeitung und Automatisierung.

2. KI in der Gesundheitsversorgung: Die Anwendung von KI in der Medizin und Gesundheitsversorgung wird voraussichtlich stark zunehmen. KI-Modelle werden bei der Diagnose von Krankheiten, der personalisierten Medizin und der Arzneimittelforschung eine wichtige Rolle spielen.

3. Autonome Fahrzeuge: Selbstfahrende Autos werden immer realistischer. KI-Systeme werden dazu beitragen, die Sicherheit und Effizienz des Verkehrs zu verbessern und Städte mobiler und umweltfreundlicher zu gestalten.

4. KI in der Fertigung: In der Industrie wird KI vermehrt dazu verwendet, die Produktion zu optimieren, Ausfallzeiten zu reduzieren und die Qualität zu verbessern. Dies führt zu effizienteren Fertigungsprozessen.

5. Ethik und Regulierung: Mit dem Wachstum der KI-Technologien werden auch Fragen zur Ethik und Regulierung immer dringlicher. Die Entwicklung ethischer Leitlinien und Regulierungen zur Sicherstellung der verantwortungsvollen Nutzung von KI wird eine wichtige Aufgabe sein.

6. KI im Bildungswesen: KI wird auch im Bildungsbereich eine wachsende Rolle spielen. Personalisierte Lernsysteme können auf die individuellen Bedürfnisse von Schülern und Studenten eingehen und deren Bildungserfolg steigern.

7. KI und Umweltschutz: KI kann zur Überwachung von Umweltveränderungen, zum Schutz gefährdeter Arten und zur Bewältigung der Auswirkungen des Klimawandels beitragen.

8. Mensch-Maschine-Interaktion: Natürlichsprachliche Verarbeitung (NLP) und Spracherkennungstechnologien werden sich weiterentwickeln, um die Interaktion zwischen Menschen und Maschinen natürlicher und intuitiver zu gestalten.

Diese Trends sind nur ein Vorgeschmack auf das, was die Zukunft in der Welt der Künstlichen Intelligenz bringen wird. Es ist wichtig zu betonen, dass KI nicht nur die Domäne von Experten sein sollte. Jeder, der Interesse daran hat, kann sich mit den Grundlagen vertraut machen und an der Gestaltung dieser spannenden Zukunft teilhaben. Ob in der Medizin, der Industrie, der Bildung oder anderen Bereichen - KI hat das Potenzial, unsere Welt nachhaltig zu verändern und unser tägliches Leben zu verbessern.

B. Karrieremöglichkeiten im Bereich KI

Die rasante Entwicklung der Künstlichen Intelligenz (KI) eröffnet eine Vielzahl aufregender Karrieremöglichkeiten für Menschen mit unterschiedlichstem Hintergrund. Egal, ob Sie gerade Ihre Schulausbildung abgeschlossen haben, bereits in der Arbeitswelt stehen oder sich neu orientieren möchten, hier sind einige spannende Wege, wie Sie in der Welt der KI Fuß fassen können:

1. KI-Entwickler: Als KI-Entwickler sind Sie für das Erstellen, Trainieren und Optimieren von KI-Modellen verantwortlich. Sie programmieren Algorithmen und nutzen Machine Learning-Frameworks, um intelligente Systeme zu gestalten. Dies erfordert oft Kenntnisse in den Programmiersprachen Python oder R.

2. Data Scientist: Data Scientists sind Experten darin, große Datenmengen zu analysieren und Erkenntnisse zu gewinnen. In der KI-Welt spielen sie eine zentrale Rolle, da sie die Daten liefern, die KI-Modelle antreiben. Kenntnisse in Statistik und Datenanalyse sind hier von entscheidender Bedeutung.

3. AI-Ethiker: Die ethische Dimension von KI wird immer wichtiger. AI-Ethiker arbeiten daran, ethische Richtlinien und Verfahren für die Entwicklung und Anwendung von KI zu gestalten, um sicherzustellen, dass KI-Systeme verantwortungsvoll eingesetzt werden.

4. KI-Produktmanager: Als Produktmanager für KI-Produkte sind Sie für die strategische Planung und Entwicklung von KI-Lösungen in einem bestimmten Unternehmensbereich verantwortlich. Hier sind sowohl technisches Verständnis als auch Geschäftssinn gefragt.

5. KI-Forscher: Wenn Sie eine Leidenschaft für akademische Forschung haben, können Sie KI-Forscher werden. In diesem Bereich werden neue KI-Technologien und -Methoden entwickelt, die die Grundlage für zukünftige Innovationen bilden.

6. KI-Trainer und -Berater: Mit zunehmender Verbreitung von KI werden Schulungen und Beratungsdienste immer gefragter. Als KI-Trainer oder -Berater können Sie anderen beibringen, wie sie KI-Modelle entwickeln und implementieren können.

7. Robotik-Ingenieur: Wenn Sie sich für die physische Umsetzung von KI interessieren, können Sie als Robotik-Ingenieur arbeiten. Sie entwickeln und konstruieren autonome Roboter, die in verschiedenen Bereichen eingesetzt werden, von der Fertigung bis zur Medizin.

8. Spezialist für natürliche Sprachverarbeitung (NLP): In der NLP sind Experten gefragt, die sich darauf spezialisiert haben, KI-Systeme zu entwickeln, die menschliche Sprache verstehen und darauf reagieren können. Dies ist besonders relevant in Anwendungen wie Chatbots oder Übersetzungssoftware.

Diese Liste ist keineswegs abschließend, da die Welt der KI ständig wächst und sich verändert. Egal, für welchen Weg Sie sich entscheiden, lebenslanges Lernen ist entscheidend. Es gibt viele Online-Kurse, Schulungen und Ressourcen, die es Ihnen ermöglichen, Ihre Fähigkeiten in diesem aufregenden Bereich weiterzuentwickeln. Denken Sie daran, dass KI nicht nur eine technische Angelegenheit ist - sie berührt eine Vielzahl von Branchen, von Gesundheitswesen über Bildung bis hin zur Unterhaltungsindustrie. Ihre Interessen und Leidenschaften können Sie in die Welt der KI einbringen und dazu beitragen, die Zukunft zu gestalten.

Wiederholungsfragen zu den Kapiteln IV bis VII

1. Was ermöglicht Machine Learning (ML) im Kontext der Künstlichen Intelligenz (KI)?

A) Maschinen mit festen Regeln zu füttern.

B) Maschinen, aus Erfahrungen zu lernen und Aufgaben ohne spezifische Programmierung zu erledigen.

C) Die Erstellung von Algorithmen, die keine Daten benötigen.

D) Maschinen, die ausschließlich auf menschlicher Intuition basieren.

2. Was ist ein Hauptmerkmal von überwachtem Lernen in Machine Learning?

A) Das Training mit unlabeled Daten.

B) Das Training mit gelabelten Daten.

C) Das Fehlen von Daten für das Training.

D) Der Einsatz von Algorithmen, die keine Muster erkennen.

3. Für welche Anwendung wird Machine Learning NICHT typischerweise verwendet?

A) Spracherkennung.

B) Bilderkennung.

C) Persönlichkeitsänderung.

D) Empfehlungssysteme.

4. Was ist eine grundlegende Komponente von Deep Learning?

A) Flache neuronale Netzwerke.

B) Einfache Algorithmen.

C) Künstliche neuronale Netzwerke mit tiefen Schichten.

D) Verzicht auf Datenanalyse.

119

5. Wofür wird ein künstliches neuronales Netzwerk NICHT direkt verwendet?

A) Bilderkennung.

B) Autonomes Fahren.

C) Direkte menschliche Gedankenkontrolle.

D) Sprachverarbeitung.

6. Was ist eine Herausforderung bei der Entwicklung von KI?

A) Unbegrenzte Intelligenz.

B) Datenabhängigkeit und Datenschutz.

C) Die Unfähigkeit, große Datenmengen zu verarbeiten.

D) Mangel an Anwendungsbereichen.

7. Welche ethische Überlegung ist bei der Entwicklung von KI wichtig?

A) Voreingenommenheit und Diskriminierung.

B) Erhöhung der menschlichen Intuition.

C) Vermeidung jeglicher Art von Datenverarbeitung.

D) Ausschließliche Fokussierung auf finanziellen Gewinn.

8. Welches Tool wird NICHT für die KI-Programmierung verwendet?

A) Python.

B) TensorFlow.

C) Microsoft Word.

D) PyTorch.

Antworten zu den Wiederholungsfragen

1. B) Maschinen, aus Erfahrungen zu lernen und Aufgaben ohne spezifische Programmierung zu erledigen.
2. B) Das Training mit gelabelten Daten.
3. C) Persönlichkeitsänderung.
4. C) Künstliche neuronale Netzwerke mit tiefen Schichten.
5. C) Direkte menschliche Gedankenkontrolle.
6. B) Datenabhängigkeit und Datenschutz.
7. A) Voreingenommenheit und Diskriminierung.
8. C) Microsoft Word.

IX. Weiterführende Ressourcen und Empfehlungen

A. Buchempfehlungen, Online-Kurse und Websites für weiterführendes Lernen

Wenn Sie Ihr Verständnis für Künstliche Intelligenz vertiefen möchten, gibt es eine Fülle von Ressourcen, die Ihnen dabei helfen können. Hier sind einige Buchempfehlungen, Online-Kurse und Websites, die Ihnen den Einstieg in dieses spannende Thema erleichtern:

Buchempfehlungen:

"Künstliche Intelligenz verstehen" von Chris Brinton und Terence Parr: Dieses Buch bietet eine verständliche Einführung in die Grundlagen der KI und ist perfekt für Anfänger geeignet. Es deckt verschiedene Aspekte von Machine Learning und Deep Learning ab.

"Python Machine Learning" von Sebastian Raschka und Vahid Mirjalili: Wenn Sie Ihre Fähigkeiten im Bereich Machine Learning mit Python vertiefen möchten, ist dieses Buch eine ausgezeichnete Wahl. Es bietet praktische Einblicke und Beispiele.

"Deep Learning" von Ian Goodfellow, Yoshua Bengio und Aaron Courville: Für eine tiefgehende Auseinandersetzung mit Deep Learning ist dieses Buch eine Referenz. Es behandelt die mathematischen Grundlagen und Algorithmen.

Online-Kurse:

Coursera: Auf Coursera finden Sie eine breite Palette von Kursen zu KI und Machine Learning, darunter der berühmte Kurs "Machine Learning" von Andrew Ng. Viele Kurse bieten kostenlose Audits an.

edX: edX bietet Kurse von renommierten Universitäten wie MIT und Harvard an. Hier können Sie Kurse zu verschiedenen KI-Themen belegen.

Udacity: Udacity bietet Kurse und Nanodegree-Programme, die auf praktische Anwendungen von KI und Deep Learning ausgerichtet sind.

Websites:

Towards Data Science: Diese Medium-Publikation bietet eine Fülle von Artikeln und Tutorials zu verschiedenen Aspekten von Data Science, Machine Learning und KI.

Kaggle: Kaggle ist eine Plattform für Datenwissenschaftswettbewerbe und bietet auch Kurse und Kernels an, die es Ihnen ermöglichen, praktische Erfahrung in der Anwendung von KI zu sammeln.

OpenAI: Die Website von OpenAI bietet nicht nur Informationen zu aktuellen Entwicklungen in der KI, sondern auch praktische Ressourcen wie den GPT-3-Textgenerator.

Diese Empfehlungen sollen Ihnen den Einstieg in die Welt der Künstlichen Intelligenz erleichtern. Je nach Ihrem persönlichen Interesse und Ihrem Lernstil gibt es viele Möglichkeiten, mehr über dieses faszinierende Feld zu erfahren. Denken Sie daran, dass kontinuierliches Lernen und praktische Erfahrung entscheidend sind, um in der KI erfolgreich zu sein.

B. Praktische Schritte zur Vertiefung des Wissens über KI

Das Verständnis für Künstliche Intelligenz (KI) erfordert nicht nur theoretisches Wissen, sondern auch praktische Erfahrung. Hier sind einige praktische Schritte, die Sie unternehmen können, um Ihr Wissen über KI zu vertiefen:

Projekte umsetzen: Ein effektiver Weg, um KI zu lernen, besteht darin, eigene Projekte zu starten. Beginnen Sie mit einfachen Anwendungen, wie einem Chatbot oder einer Bildklassifikation, und arbeiten Sie sich dann zu komplexeren Aufgaben vor. Plattformen wie GitHub bieten eine großartige Möglichkeit, Ihre Projekte zu verwalten und mit anderen zu teilen.

Kaggle-Wettbewerbe: Kaggle ist eine Plattform, auf der Sie an Datenwissenschafts- und KI-Wettbewerben teilnehmen können. Dies ermöglicht es Ihnen, praktische Erfahrung in der Lösung realer Probleme zu sammeln und von der Expertise der Kaggle-Community zu profitieren.

Praktika und Praxiserfahrung: Falls Sie Zugang zu Praktikums- oder Praxiserfahrung haben, sollten Sie diese Möglichkeit nutzen. Unternehmen und Forschungseinrichtungen bieten oft Praktika im Bereich KI an, die

Ihnen tiefe Einblicke in die praktische Anwendung von KI-Technologien ermöglichen.

Online-Ressourcen nutzen: Es gibt viele Online-Tutorials und Kurse, die sich auf die praktische Umsetzung von KI konzentrieren. Websites wie TensorFlow, PyTorch oder Scikit-Learn bieten Dokumentationen und Beispiele, die Ihnen bei der Entwicklung von KI-Anwendungen helfen können.

Kooperation und Vernetzung: Vernetzen Sie sich mit anderen, die an KI interessiert sind. In lokalen Meetup-Gruppen oder Online-Foren können Sie Gleichgesinnte treffen, von deren Erfahrungen lernen und an gemeinsamen Projekten arbeiten.

Wettbewerbe und Hackathons: Nehmen Sie an KI-Wettbewerben und Hackathons teil, um Ihr Wissen und Ihre Fähigkeiten in der Praxis zu testen. Solche Veranstaltungen bieten oft die Möglichkeit, neue Techniken und Ansätze kennenzulernen.

Vertiefen Sie Ihre Mathematikkenntnisse: Ein tieferes Verständnis der mathematischen Grundlagen von KI, wie Linearer Algebra und Statistik, wird Ihnen helfen, KI-Modelle besser zu verstehen und anzupassen.

Denken Sie daran, dass praktische Erfahrung ein entscheidender Teil Ihrer Reise zur Beherrschung von KI ist. Es ist normal, Fehler zu machen und Herausforderungen zu meistern. Der Schlüssel ist, kontinuierlich zu lernen und neugierig zu bleiben. KI ist ein sich ständig weiterentwickelndes Feld, und je mehr Sie experimentieren und praktische Erfahrung sammeln, desto besser werden Sie in der Lage sein, die Möglichkeiten und Grenzen dieser faszinierenden Technologie zu verstehen und zu nutzen.

X. Zusammenfassung

A. Wichtige Erkenntnisse aus dem Text

In diesem Buch haben wir eine spannende Reise in die Welt der Künstlichen Intelligenz (KI) unternommen. Dabei haben wir versucht, die komplexen Konzepte und Technologien auf eine verständliche Weise zu erklären, damit Menschen mit unterschiedlichem Hintergrund die Grundlagen der KI verstehen können. Hier sind einige wichtige Erkenntnisse, die Sie aus diesem Text mitnehmen sollten:

Warum KI wichtig ist: Wir haben diskutiert, warum KI in der heutigen Welt so bedeutend ist. Sie durchdringt viele Aspekte unseres Lebens, von der Medizin bis zur Wirtschaft, und hat das Potenzial, unsere Gesellschaft nachhaltig zu verändern.

Grundlagen der KI: Sie haben die Grundlagen der KI kennengelernt, einschließlich Definitionen, Konzepte und die Unterscheidung zwischen schwacher und starker KI. Dies legt das Fundament für Ihr Verständnis von KI-Technologien.

Machine Learning und Deep Learning: Wir haben die zentrale Rolle von Machine Learning und Deep Learning in der KI beleuchtet. Diese Techniken sind der Motor hinter vielen KI-Anwendungen und -Innovationen.

Künstliche Intelligenz im Alltag: Sie haben gesehen, wie KI in Alltagsanwendungen wie Spracherkennung, Empfehlungssystemen und autonomem Fahren verwendet wird. Diese Beispiele verdeutlichen, wie präsent KI in unserem Leben ist.

Herausforderungen und Ethik: Wir haben die Herausforderungen und ethischen Fragen im Zusammenhang mit KI diskutiert. Es ist wichtig zu verstehen, dass KI nicht ohne Risiken und Fragen zur Privatsphäre und Ethik ist.

Einführung in KI-Programmierung: Wenn Sie Interesse daran haben, selbst KI-Systeme zu entwickeln, haben Sie Grundlagen der KI-Programmierung und Ressourcen für angehende KI-Entwickler kennengelernt.

Zukunftsaussichten und Karrieremöglichkeiten: Abschließend haben wir einen Blick auf die Zukunft der KI und die vielfältigen Karrieremöglichkeiten geworfen, die sich in diesem aufstrebenden Feld bieten.

Denken Sie daran, dass dieses Buch nur der Anfang Ihrer Reise in die Welt der Künstlichen Intelligenz ist. Es gibt noch so viel mehr zu entdecken und zu lernen. Wir ermutigen Sie, Ihr Interesse an KI weiterzuverfolgen, praktische Erfahrungen zu sammeln und Ihr Wissen zu vertiefen. KI ist ein faszinierendes und dynamisches Feld, und Ihr Verständnis davon kann nicht nur Ihre beruflichen Möglichkeiten erweitern, sondern auch dazu beitragen, die Zukunft der Technologie mitzugestalten.

XI. Schlusswort für den Teil Künstliche Intelligenz

A. Abschließende Gedanken zur Bedeutung von Künstlicher Intelligenz und deren Rolle in der IT-Welt

In diesem Schlusswort möchte ich einige abschließende Gedanken teilen, die die Bedeutung von Künstlicher Intelligenz (KI) und ihre Rolle in der Welt der Informationstechnologie unterstreichen.

Wir haben gemeinsam eine faszinierende Reise unternommen und die Grundlagen der KI erkundet. Sie haben gelernt, dass KI weit mehr ist als nur ein technisches Schlagwort. Sie ist ein kraftvolles Werkzeug, das unser Leben in vielerlei Hinsicht beeinflusst. Von der personalisierten Musikempfehlung, die uns morgens begleitet, bis hin zu medizinischen Diagnosen und selbstfahrenden Autos - KI durchdringt unsere Welt.

Warum ist das wichtig? Weil KI nicht nur die Art und Weise, wie wir Dinge tun, verändert, sondern auch die Möglichkeiten erweitert. Es eröffnet neue Horizonte für Innovationen und schafft Chancen für Menschen in verschiedenen Bereichen. Ganz gleich, ob Sie Schüler, Student, Berufseinsteiger oder Manager in einem nicht-technischen Bereich sind, das Verständnis von KI kann Ihre beruflichen Perspektiven erweitern und Ihnen helfen, in der modernen IT-Welt besser zurechtzukommen.

Wir haben auch die Herausforderungen und ethischen Aspekte der KI betrachtet. Dies ist entscheidend, denn während KI großes Potenzial bietet, birgt sie auch Risiken und erfordert verantwortungsvollen Umgang.

Die Zukunft der KI ist aufregend und voller Möglichkeiten. Sie werden weiterhin Fortschritte in diesem Bereich erleben und Zeuge von Innovationen sein, die unser Verständnis von Technologie und Intelligenz erweitern. Wenn Sie darüber nachdenken, Ihre Karriere in Richtung KI zu lenken, stehen Ihnen zahlreiche Türen offen. Dieses Feld wächst ständig, und Fachleute mit KI-Kenntnissen sind gefragter denn je.

Abschließend möchte ich Sie ermutigen, Ihr Interesse an KI weiter zu verfolgen. Egal, ob Sie tiefer in die Programmierung von KI-Systemen eintauchen möchten oder einfach nur mehr darüber erfahren möchten, wie KI unser tägliches Leben beeinflusst - die Welt der Künstlichen Intelligenz

127

bietet endlose Möglichkeiten des Lernens und der Entdeckung. Die Grundlagen, die Sie in diesem Buch erworben haben, sind der Ausgangspunkt für Ihre eigene Reise in die aufregende Welt der KI.

Ich danke Ihnen herzlich, dass Sie sich die Zeit genommen haben, dieses Buch zu lesen, und wünsche Ihnen viel Erfolg und Freude bei Ihren zukünftigen Abenteuern in der Welt der Künstlichen Intelligenz. Die IT-Welt verändert sich ständig, und Ihr Verständnis von KI wird Ihnen dabei helfen, den Wandel zu gestalten und von den Möglichkeiten, die sie bietet, zu profitieren.

GLOSSAR

A - Algorithmus Ein Algorithmus ist eine Schritt-für-Schritt-Anleitung oder ein Verfahren zur Lösung eines Problems. In der Informatik werden Algorithmen verwendet, um Aufgaben zu automatisieren, Daten zu verarbeiten und Entscheidungen zu treffen.

A - API (Application Programming Interface) Eine API ist eine Schnittstelle, die es verschiedenen Softwarekomponenten ermöglicht, miteinander zu kommunizieren und Funktionen oder Daten auszutauschen. APIs sind entscheidend für die Entwicklung von Anwendungen und die Integration von Diensten.

A - API-Gateway Ein API-Gateway ist eine Middleware-Komponente, die den Zugriff auf mehrere APIs oder Webdienste vereinfacht und verwaltet. Es dient dazu, Anfragen von Clientanwendungen an die entsprechenden Backend-Dienste weiterzuleiten.

B - Betriebssystem (Operating System) Ein Betriebssystem ist eine Software, die die grundlegende Funktionalität eines Computers steuert und verwaltet. Es ermöglicht die Ausführung von Anwendungen, die Verwaltung von Hardware und die Interaktion mit Benutzern.

B - Big Data Big Data bezieht sich auf die Verarbeitung und Analyse von enormen Mengen an Daten, die zu groß sind, um mit herkömmlichen Datenbank- und Analysenwerkzeugen bewältigt zu werden. Big Data-Technologien ermöglichen es Unternehmen, wertvolle Einblicke aus großen Datenmengen zu gewinnen.

B - Blockchain Eine Blockchain ist eine dezentrale digitale Datenbank, die Transaktionen in Blöcken speichert. Sie bietet Sicherheit und Unveränderlichkeit von Daten und wird in Kryptowährungen und verschiedenen anderen Anwendungen eingesetzt.

B - Künstliche Intelligenz (KI) Künstliche Intelligenz bezieht sich auf die Fähigkeit von Maschinen oder Computern, Aufgaben auszuführen, die normalerweise menschliche Intelligenz erfordern. Dies kann Aufgaben wie Spracherkennung, Bildverarbeitung, maschinelles Lernen und Entscheidungsfindung umfassen.

C – ChatGPT: ChatGPT ist ein fortschrittliches Sprach-KI-Modell, basierend auf der GPT-3.5-Architektur von OpenAI. Es generiert menschenähnlichen Text für eine Vielzahl von natürlichsprachlichen Aufgaben, darunter Textgenerierung, Frage-Antwort-Systeme, Textkorrektur, Übersetzungen und Konversationsagenten. Es ist ein leistungsstarkes Werkzeug für die Textverarbeitung und -kommunikation, jedoch ohne eigenes Bewusstsein oder Verständnis.

C - Cloud Computing Cloud Computing ist ein Modell, bei dem Ressourcen wie Server, Speicher, Anwendungen und Dienste über das Internet bereitgestellt werden. Benutzer können auf diese Ressourcen zugreifen und sie nach Bedarf nutzen, anstatt eigene physische Hardware und Infrastruktur zu betreiben.

C - Cluster-Computing Cluster-Computing bezieht sich auf die Verknüpfung von mehreren Computern oder Servern, um gemeinsam an einer Aufgabe zu arbeiten und die Rechenleistung zu erhöhen. Dies wird oft für wissenschaftliche Berechnungen und Big-Data-Analysen verwendet.

C - Cybersecurity Cybersecurity oder Informationssicherheit ist die Praxis des Schutzes von Computersystemen, Netzwerken und Daten vor unbefugtem Zugriff, Diebstahl, Beschädigung oder Missbrauch. Dies umfasst Maßnahmen wie Firewall, Verschlüsselung und Bedrohungsabwehr.

D - Datenanalyse Datenanalyse ist der Prozess der Untersuchung und Interpretation von Daten, um Muster, Trends und Informationen zu identifizieren. Es werden verschiedene Techniken wie statistische Analyse und maschinelles Lernen eingesetzt, um Erkenntnisse aus Daten zu gewinnen.

D - Datenbank Eine Datenbank ist eine organisierte Sammlung von strukturierten Informationen oder Daten, die in Tabellen oder Dateien gespeichert sind. Datenbanken werden verwendet, um Informationen effizient zu speichern, abzurufen, zu aktualisieren und zu verwalten. Sie sind in vielen IT-Anwendungen weit verbreitet.

D - Deep Learning Deep Learning ist ein Teilbereich des maschinellen Lernens, der auf künstlichen neuronalen Netzen basiert. Diese Netzwerke sind in der Lage, komplexe Muster und Hierarchien in Daten zu erkennen und werden oft für Aufgaben wie Bilderkennung und Sprachverarbeitung eingesetzt.

E - Edge Computing Edge Computing bezieht sich auf die Verarbeitung von Daten nahe der Datenquelle oder am "Rand" des Netzwerks, anstatt sie zentral in einem entfernten Rechenzentrum zu verarbeiten. Dies ermöglicht schnellere Reaktionen und verringert die Latenzzeiten.

E - Ethernet Ethernet ist eine weit verbreitete Netzwerktechnologie, die für die kabelgebundene Kommunikation zwischen Computern und anderen Geräten in lokalen Netzwerken (LANs) verwendet wird. Sie bietet zuverlässige und schnelle Datenübertragung.

E - Verschlüsselung Verschlüsselung ist der Prozess der Umwandlung von verständlichen Daten in eine unverständliche Form, um die Vertraulichkeit und Sicherheit der Daten zu gewährleisten. Nur autorisierte Benutzer mit dem richtigen Entschlüsselungsschlüssel können die verschlüsselten Daten lesen.

F - Firewall Eine Firewall ist eine Sicherheitsvorrichtung oder Software, die den Datenverkehr zwischen einem Netzwerk und dem Internet überwacht und filtert. Sie dient dazu, unerwünschte Zugriffe oder Bedrohungen von außen zu blockieren und die Sicherheit des Netzwerks zu gewährleisten.

F - Framework Ein Framework ist eine vorgefertigte Struktur oder ein Satz von Bibliotheken und Tools, der die Entwicklung von Anwendungen erleichtert. Beispiele sind das Django-Framework für Webentwicklung und das TensorFlow-Framework für maschinelles Lernen.

G - Geoinformatik Geoinformatik ist ein Bereich, der sich mit der Erfassung, Speicherung, Analyse und Visualisierung von geografischen Daten befasst. Sie findet Anwendung in Kartografie, GPS-Systemen und Geodatenanalysen.

G - GPU (Graphics Processing Unit) Eine Grafikprozessoreinheit ist ein spezialisiertes Hardware-Komponente, die in erster Linie für die Verarbeitung von Grafiken und parallelen Berechnungen verwendet wird. GPUs werden auch in KI-Anwendungen häufig genutzt, da sie für bestimmte Berechnungen sehr leistungsfähig sind.

G - GUI (Graphical User Interface) Eine grafische Benutzeroberfläche ist eine visuelle Darstellung von Software, die es Benutzern ermöglicht, mit Anwendungen und Systemen über Symbole, Fenster und Menüs auf dem Bildschirm zu interagieren. GUIs machen die Bedienung von Computern für Benutzer intuitiver.

H - Hacking Hacking ist der Akt des unbefugten Zugriffs auf Computersysteme, Netzwerke oder Daten mit dem Ziel, Informationen zu stehlen, Schaden anzurichten oder Sicherheitslücken aufzudecken. Es gibt ethisches Hacking, bei dem Sicherheitsexperten Systeme testen, und illegales Hacking, das illegal ist.

H - Hosting Hosting bezieht sich auf die Bereitstellung von Ressourcen wie Servern und Speicherplatz für die Speicherung und Ausführung von Webseiten und Anwendungen im Internet. Hosting-Dienstleister stellen die notwendige Infrastruktur zur Verfügung.

H - HTML (Hypertext Markup Language) HTML ist eine Auszeichnungssprache, die zur Erstellung von Webseiten verwendet wird. Mit HTML werden Text, Bilder, Links und andere Elemente auf einer Webseite strukturiert und formatiert.

I - Inferenz: Nachdem das KI-System ausreichend trainiert wurde, kann es auf neue, unbekannte Daten angewendet werden. Dieser Schritt wird als Inferenz bezeichnet. Das KI-System nutzt sein erlerntes Wissen, um Vorhersagen oder Entscheidungen zu treffen.

I - IoT (Internet of Things) Das Internet der Dinge bezieht sich auf die Vernetzung von physischen Geräten und Objekten mit dem Internet. Dadurch können diese Geräte Daten sammeln, austauschen und ferngesteuert werden. Beispiele sind intelligente Thermostate, vernetzte Autos und intelligente Haushaltsgeräte.

I - IoT-Geräteverwaltung Die IoT-Geräteverwaltung ist der Prozess der Konfiguration, Überwachung und Steuerung von vernetzten Geräten im Internet der Dinge. Sie ermöglicht die effiziente Verwaltung großer Flotten von IoT-Geräten.

J - Java Java ist eine weit verbreitete Programmiersprache, die für die Entwicklung von plattformunabhängigen Anwendungen verwendet wird. Java-Anwendungen können auf verschiedenen Betriebssystemen und Plattformen ausgeführt werden, was sie flexibel und vielseitig macht.

J - JIT-Kompilierung (Just-In-Time-Kompilierung) JIT-Kompilierung ist eine Technik in der Programmierung, bei der der Programmcode erst zur Laufzeit in Maschinencode übersetzt wird, anstatt im Voraus kompiliert zu werden. Dies kann die Leistung von Anwendungen steigern.

J - JSON (JavaScript Object Notation) JSON ist ein leicht lesbares Datenformat, das häufig zur Übertragung von strukturierten Daten zwischen Anwendungen verwendet wird. Es wird oft in Webanwendungen und APIs für den Datenaustausch eingesetzt.

K - API-Schlüssel (API Key) Ein API-Schlüssel ist ein Token oder ein Code, der von Entwicklern verwendet wird, um auf bestimmte APIs oder Webdienste zuzugreifen. Er dient zur Authentifizierung und Identifizierung des Benutzers.

K - Kernel Der Kernel ist der zentrale Teil eines Betriebssystems, der die grundlegenden Funktionen des Systems verwaltet, wie Hardware-zugriff, Speicherverwaltung und Prozessverwaltung.

K - Machine Learning (Maschinelles Lernen) Maschinelles Lernen ist ein Teilgebiet der künstlichen Intelligenz, das sich mit der Entwicklung von Algorithmen befasst, die es Computern ermöglichen, aus Daten zu lernen und Vorhersagen oder Entscheidungen zu treffen, ohne explizite Programmierung.

L - LAN (Local Area Network) Ein lokales Netzwerk ist ein Netzwerk, das Geräte in räumlicher Nähe miteinander verbindet, normalerweise in einem begrenzten geografischen Bereich wie einem Bürogebäude oder einem Campus. LANs ermöglichen die gemeinsame Nutzung von Ressourcen und die Kommunikation zwischen Geräten.

L - Latenz Latenz bezieht sich auf die Verzögerung oder Ver-zögerungszeit, die bei der Übertragung von Daten von einem Punkt zum anderen auftritt. Geringe Latenzzeiten sind wichtig, um Echtzeit-kommunikation und reibungslose Datenübertragung zu gewährleisten.

L - Load Balancer Ein Load Balancer ist eine Netzwerkkomponente, die den Datenverkehr zwischen mehreren Servern oder Ressourcen verteilt, um die Last gleichmäßig zu verteilen und die Ausfallsicherheit zu ver-bessern.

M - Machine Learning (ML): Machine Learning ist eine Art von KI, die es Computern ermöglicht, aus Daten zu lernen und Vorhersagen oder Entscheidungen zu treffen, ohne explizit programmiert zu sein. Statt den Computer mit festen Regeln zu füttern, werden Algorithmen entwickelt, die

Muster in den Daten erkennen und daraus Schlussfolgerungen ziehen können.

M - Malware Malware, eine Abkürzung für schädliche Software, ist Software, die dazu entwickelt wurde, Schaden anzurichten oder unbefugten Zugriff auf Computersysteme zu ermöglichen. Beispiele sind Viren, Trojaner und Spyware.

M - Microservices Microservices ist eine Softwarearchitektur, bei der Anwendungen in kleine, unabhängige Dienste aufgeteilt werden, die jeweils eine spezifische Aufgabe erfüllen. Dies ermöglicht Agilität und Skalierbarkeit in der Entwicklung.

N - NAT (Network Address Translation) Network Address Translation ist eine Technik, die private IP-Adressen in öffentliche IP-Adressen umwandelt und so den Internetzugriff für Geräte in einem lokalen Netzwerk ermöglicht.

N - Netzwerk Ein Netzwerk ist eine Verbindung von Computern oder Geräten, die es ihnen ermöglicht, Daten auszutauschen und zu kommunizieren. Netzwerke können lokal (LAN), über das Internet (WAN) oder auf globaler Ebene (Internet) sein.

N - Netzwerktopologie Netzwerktopologie bezieht sich auf die physische oder logische Anordnung von Computern und Geräten in einem Netzwerk. Beispiele für Netzwerktopologien sind Bus, Stern und Ring.

N – Neuronales Netz: Ein künstliches neuronales Netz, oft auch als neuronales Netzwerk oder einfach "Neuronales Netz" bezeichnet, ist ein grundlegendes Konzept in der künstlichen Intelligenz und des maschinellen Lernens. Es handelt sich um eine mathematische Modellierung und Nachbildung des biologischen Gehirns, insbesondere des Nervensystems und seiner Neuronen.

O - OCR (Optical Character Recognition) OCR ist die Technologie, die es Computern ermöglicht, gedruckten oder handgeschriebenen Text zu erkennen und in maschinenlesbaren Text umzuwandeln. Diese Technologie wird häufig in Texterkennungssoftware verwendet.

O - Open Source Open Source bezieht sich auf Software oder Projekte, deren Quellcode öffentlich zugänglich ist und von der Community frei eingesehen, geändert und weiterentwickelt werden kann. Open-Source-Software ist oft kostenfrei und fördert die Zusammenarbeit und Innovation.

O - Open Source Open Source bezieht sich auf Software oder Projekte, deren Quellcode öffentlich zugänglich ist und von der Community frei eingesehen, geändert und weiterentwickelt werden kann. Open-Source-Software ist oft kostenfrei und fördert die Zusammenarbeit und Innovation.

P - Patch Ein Patch ist ein Software-Update oder eine Aktualisierung, die entwickelt wurde, um Fehler zu beheben, Sicherheitslücken zu schließen oder neue Funktionen hinzuzufügen. Das regelmäßige Einspielen von Patches ist wichtig, um die Sicherheit von Software und Systemen aufrechtzuerhalten.

P - Protokoll (Protocol) Ein Protokoll ist ein Satz von Regeln und Standards, die die Kommunikation und den Datenaustausch zwischen Computern oder Geräten in einem Netzwerk regeln. Beispiele sind das HTTP-Protokoll für das Web und das TCP/IP-Protokoll für das Internet.

P - Prototyping Prototyping ist der Prozess der Erstellung eines vorläufigen Modells oder einer Vorversion einer Software oder eines Produkts, um Design und Funktionalität zu testen und zu verbessern, bevor die endgültige Version entwickelt wird.

Q - QR-Code (Quick Response Code) Ein QR-Code ist ein zweidimensionaler Barcode, der Informationen in Form von Text oder URLs codiert. QR-Codes werden häufig für das schnelle Scannen und den Zugriff auf Informationen mit mobilen Geräten verwendet.

Q - Quantencomputer Quantencomputer sind spezialisierte Computer, die Quantenmechanik nutzen, um komplexe Berechnungen durchzuführen. Sie haben das Potenzial, bestimmte Probleme, die für klassische Computer schwer lösbar sind, deutlich schneller zu lösen.

R - RAID (Redundant Array of Independent Disks) RAID ist eine Technologie zur Datenspeicherung, bei der mehrere Festplatten zu einem einzigen logischen Laufwerk zusammengefasst werden. RAID bietet Redundanz und Leistungssteigerung und wird oft in Unternehmensspeichersystemen eingesetzt.

R - Roboter Ein Roboter ist eine mechanische oder softwarebasierte Einheit, die dazu entwickelt wurde, Aufgaben autonom oder halbautonom auszuführen. Roboter werden in verschiedenen Bereichen eingesetzt, einschließlich Fertigung, Medizin und Raumfahrt.

R - Robotic Process Automation (RPA) Robotic Process Automation ist die Verwendung von Software-Robotern oder Bots, um repetitive, regelbasierte Aufgaben in Geschäftsprozessen zu automatisieren. RPA kann die Effizienz steigern und menschliche Fehler reduzieren.

S - Scrum Scrum ist ein agiles Projektmanagement-Framework, das in der Softwareentwicklung weit verbreitet ist. Es fördert iterative Entwicklung, enge Zusammenarbeit im Team und die regelmäßige Überprüfung und Anpassung von Zielen.

S - Server Ein Server ist ein spezialisierter Computer oder eine Software, die Dienste, Ressourcen oder Daten für andere Computer oder Geräte bereitstellt. Beispiele sind Webserver, E-Mail-Server und Dateiserver.

S - Software Software ist eine Sammlung von Programmen, Daten und Anweisungen, die es einem Computer ermöglichen, bestimmte Aufgaben auszuführen. Sie kann in Form von Anwendungen, Betriebssystemen oder anderen Programmen vorliegen.

T - Tokenisierung Tokenisierung ist der Prozess der Umwandlung von sensiblen Daten in zufällige Tokens oder Platzhalter, um die Sicherheit zu erhöhen. Dies wird häufig in Zahlungsverarbeitungssystemen verwendet, um Kreditkartendaten zu schützen.

T - Trojaner Ein Trojaner ist eine schädliche Software, die sich als legitime oder nützliche Anwendung tarnt, aber heimlich schädliche Aktivitäten auf einem Computer ausführt, wie z.B. das Sammeln von Daten oder die Beschädigung des Systems.

T - Turing-Test Der Turing-Test ist ein Konzept aus der künstlichen Intelligenz, bei dem ein Computer als intelligent angesehen wird, wenn er menschliches Verhalten so gut imitiert, dass ein menschlicher Beobachter nicht zwischen Computer und Mensch unterscheiden kann.

U - URL (Uniform Resource Locator) Eine URL ist eine Zeichenfolge, die zur Identifizierung und Lokalisierung von Ressourcen im Internet verwendet wird. Sie enthält Informationen über das Protokoll, den Host und den Pfad zur Ressource, z.B. in Webadressen.

U - Usability Usability bezieht sich auf die Benutzerfreundlichkeit und Benutzererfahrung von Software oder Produkten. Eine gute Usability bedeutet, dass Produkte einfach zu bedienen und effizient sind und den Bedürfnissen der Benutzer entsprechen.

U - User Interface (Benutzeroberfläche) Die Benutzeroberfläche (UI) ist der Teil einer Softwareanwendung, der die Interaktion zwischen Benutzern und der Anwendung ermöglicht. Eine benutzerfreundliche UI ist wichtig, um die Nutzererfahrung zu verbessern.

V - Virtual Reality (VR) Virtual Reality ist eine Technologie, die es Benutzern ermöglicht, in eine computererzeugte, immersive Umgebung einzutauchen. VR wird oft in Unterhaltung, Bildung und Simulationen eingesetzt.

V - Virtualisierung Virtualisierung ist die Technologie, die es ermöglicht, physische Ressourcen wie Server, Speicher und Netzwerke in virtuelle Instanzen umzuwandeln. Dies ermöglicht eine effizientere Ressourcennutzung und Flexibilität in Rechenzentren.

V - VPN (Virtual Private Network) Ein virtuelles privates Netzwerk ermöglicht es Benutzern, über das Internet eine sichere Verbindung zu einem privaten Netzwerk herzustellen. VPNs werden häufig verwendet, um die Privatsphäre und Sicherheit beim Surfen im Internet zu schützen.

W - Wearable Technology Wearable Technology bezieht sich auf elektronische Geräte, die von Benutzern am Körper getragen werden, wie Smartwatches und Fitness-Tracker. Diese Geräte sammeln Daten und bieten Funktionen zur Überwachung von Gesundheit und Aktivitäten.

W - WLAN (Wireless Local Area Network) Ein drahtloses lokales Netzwerk ermöglicht die drahtlose Kommunikation zwischen Geräten in einem begrenzten geografischen Bereich, ohne dass physische Verbindungskabel erforderlich sind. WLANs sind in vielen Haushalten und Unternehmen weit verbreitet.

W - WPA (Wi-Fi Protected Access) WPA ist ein Verschlüsselungsprotokoll für drahtlose Netzwerke, das die Sicherheit von Wi-Fi-Verbindungen verbessert, indem es Daten vor unbefugtem Zugriff schützt.

X - XML (Extensible Markup Language) XML ist eine Auszeichnungssprache, die zur Strukturierung und Beschreibung von Daten verwendet wird. Sie ist besonders nützlich für den Austausch von Informationen zwischen verschiedenen Anwendungen und Plattformen.

X - XSS (Cross-Site Scripting) Cross-Site Scripting ist eine Sicherheitslücke in Webanwendungen, bei der Angreifer schädlichen Code in

Webseiten einschleusen, der dann von anderen Benutzern ausgeführt wird. Dies kann zu Datendiebstahl oder Manipulation führen.

Y - YAML (YAML Ain't Markup Language) YAML ist eine menschenlesbare Daten-Serialisierungssprache, die häufig für Konfigurationsdateien und Datenaustausch verwendet wird. Sie ist einfach zu lesen und zu schreiben und wird oft in DevOps und Konfigurationsmanagement eingesetzt.

Z - Zero Trust Security Zero Trust Security ist ein Sicherheitsansatz, bei dem nicht angenommen wird, dass sichere Bereiche im Netzwerk existieren. Stattdessen wird jeder Benutzer und jedes Gerät ständig überprüft und authentifiziert, um sicherzustellen, dass sie autorisierten Zugriff haben.

Z - Zero-Day-Exploit Ein Zero-Day-Exploit ist eine Sicherheitslücke oder Schwachstelle in Software oder Systemen, die von Angreifern ausgenutzt wird, bevor der Hersteller eine Möglichkeit zur Behebung bereitgestellt hat. Diese Angriffe sind besonders gefährlich, da sie ohne vorherige Warnung auftreten können.

Stichwortverzeichnis